太極拳功法銓釋

拳架註解

鄒開生（泛舟）／撰

序

嘗云：「練拳不練功，終久是場空」。這是指引習拳者，於演練中要掌握訣竅，窮研奧秘，方可言其有成。如興起涉獵拳術，就必須自勉自勵，鞭策自己向前邁進。逐日遵繩老師的指導和糾正架勢勤加演練，待動作（架勢）成熟後，訣竅與奧秘自會領悟。

習太極拳術者，應以拳架為奠基功夫，修為時架勢要正確不倚，輕靈平穩，照要訣反覆磨練。功法由單一推手，經大攦、撒手、各家太極要點，各勁之意境，全是太極拳譜的註解，亦是本拳術中之精粹。如能融會貫通，形合於意，漸次入定，意定合神，神怡化虛，這是功成身健，已至病魔不侵，益壽延年之境界矣。　至此功段時機者，絕不可心存妄想（成仙），若趨入幻想（魔界），不但有害行功之法度，即影響本身之健康和功力，盼習者慎之！

文化復興，心靈改革之指引，我們從自己做起，充實個人內涵，途徑有二，一是正心誠意，由內而行諸於外；一是由習功漸次修為，達到以動蓄靜，御靜養性；習久心性自然安和，怡然自樂，功夫亦必乘勢精進。

序者曾於青壯年時期，病痛纏身二十年，除藥物治療外，從站立不穩中，開始習太極拳術，經八年苦撐練習，終於去除了病痛，收復了健康，借此提供嗜好太極術者參考印證。

八十六、六月

元真　於台北

目錄

叁．活步推手圖解……一八

叁 太極散手單練圖解……九五

推手與大攦

盤架子乃為養身養心養氣。在盤架子後，作進一步的研習，以求應用之各種手法、步法、身腰轉換之實際需要，及聽、懂、粘、化等勁之領會，必須要由推手、大攦、散手諸方面下功夫，方可期收以變應變之實效。按散手已另有專編，故本編祇列推手（即打手）大攦各節於後。

壹　定步單手推法圖解

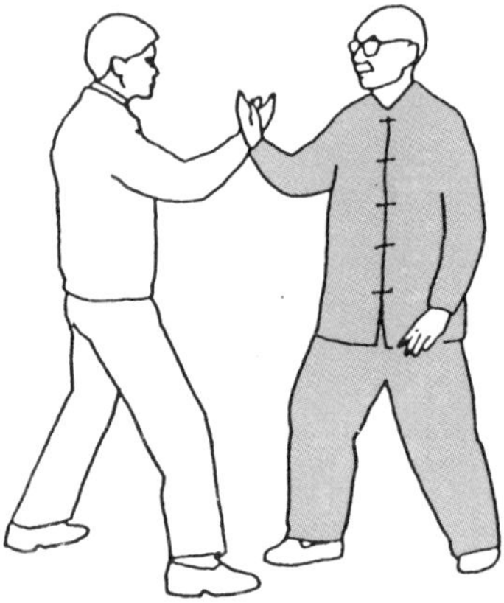

第一圖

一．單手按化推法。

(1)甲乙二人對立，甲著黑衣面東為上手，乙著白衣面西為下手，各將右足踏進一步，右手臂作半圓形，以其手背互相沾著，左手手掌置於左後方，如第一圖。

(2)乙以右手按出，至將近甲之胸部時，甲即向右化往下繞一小圈，以掌心直對乙之心窩按進，成右前左後之弓步式，如第二圖。

(3)乙即坐腰鬆胯，重心寄於左腿，身腰往後下蹲，以腰腿之勁向左化之，化至甲勁將斷時，以右手向上往右轉下繞圈，用腰腿之勁掤起，雙方手臂仍相

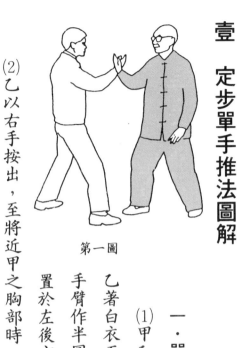

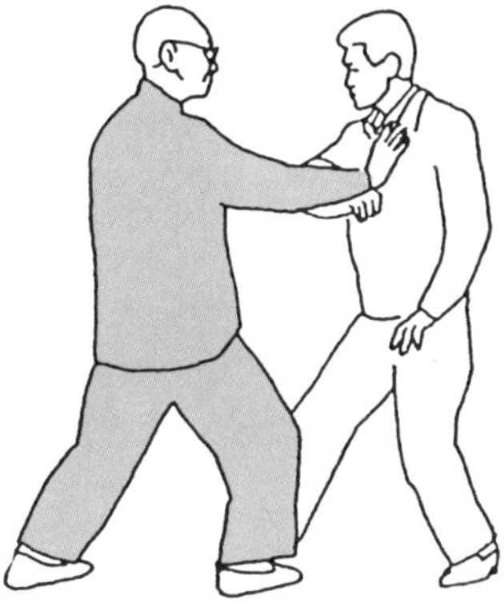

第二圖

第三圖

沾著，還向甲之胸前按進，亦成右前左後之弓步式；此即乙變為按，甲變為化，乃為右手之按化法。若左手按化，則須左足踏進一步，用左手背互相沾著，餘均同上互相變換，但須含胸拔背，虛領頂勁，氣沉丹田。

二・單手立圓推法。

(1)甲乙之衣著方向，如前之第一式，各將右足踏進一步，右手臂亦如前作之半圓形，以右手背互相沾著，左手伸掌置於左後方，如前之第一圖。

(2)甲以腰腿勁微向右轉，右手掌隨勢採拏乙右手腕翻繞一圈，由乙之右手背上穿點乙之咽喉，成右前左後之弓步式，如第三圖。

(3)乙即蹲身微右後鬆，以右手掌，隨腰腿勁，翻手向右採化，繞轉至掌心向上，趁勢於甲之右手背上，還點甲之咽喉。此即乙變為甲勢，甲復仍為乙勢，往返循環，左右同式，惟左用左步在前，右用右步在前。

三・單手立圓上下推法。

(1)甲乙衣著方向進步，以及動作同於第一式。

(2)甲之右手隨腰腿勁，微向右轉翻掌下沉（掌心向下）前按乙之右臂，成右前左後之弓

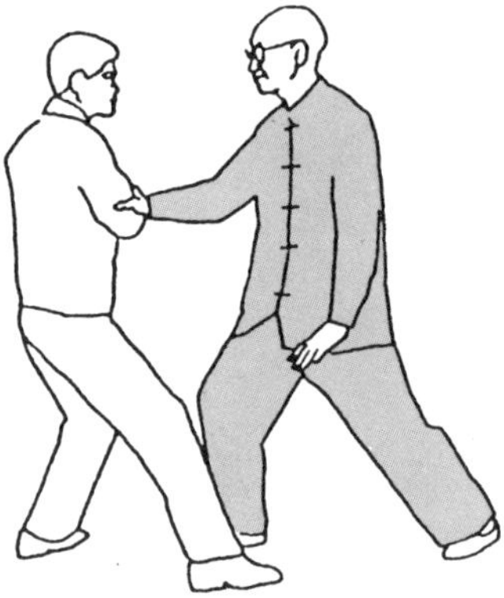

第四圖

步式，如第四圖之甲式。

(3)乙於被按後，即隨勢鬆化，屈左膝坐實左腿，以右足為虛步如第四圖之

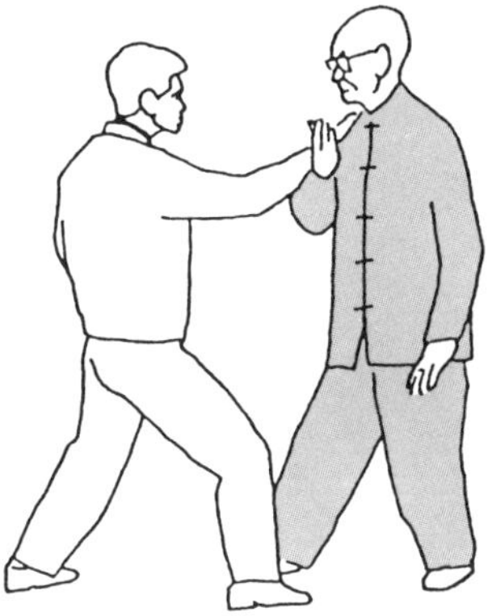

第五圖

第六圖

乙式，右手趁勢由下轉上翻掌（掌心向上）還點甲之咽喉，如第五圖之乙式。

(4)甲乘乙手將到未到之際，即以右手由下上沾乙之右手腕，向右翻手下採（手心向下）坐實左腿如第六圖之甲式。

(5)乙於被採時，即隨轉右手脫化，直向甲之胸前按進，如第七圖之乙式。

(6)甲被按即向左鬆化，右手趁勢左攔。

(7)隨屈右肘，擊乙之心窩，如第八圖之甲式。

(8)乙於被擊時，即坐腰鬆胯、以右手緣甲之右臂、以腰腿勁向前按出；甲

第七圖

第八圖

即亦如乙之隨勢鬆化，翻掌還點乙之咽喉，往返循環週而復始，此為右式，倘以左式，則法與右同，祇須轉換其方向。

四．單手摺疊穿點推法。衣著姿式同前；

(1)甲以腰腿勁轉正方向，翻掌（掌心向上）直點乙之咽喉，成右前左後之弓步式，如前之第三圖甲式。

(2)乙於鬆化之同時，翻轉右手腕（掌心向上）以其肱部撥開甲之右手，趁勢以腰腿勁直點甲之咽喉，姿勢亦如甲式，此係右式，若左式，則法與右同，惟須換進左步。

貳　定步雙手推法圖解

第九圖

一．雙手平圓沾黏推法。甲乙二人對立如前，

(1)各將右足踏進一步，右手臂作半圓形，以其手背互相沾著，甲以右手掌採按乙之右手腕，左手掌附沾於乙之右肘，向乙之胸前按進，兩腿隨為右前左後之弓步式，如第九圖之甲式。

(2)乙被按即將右臂向左側後化，隨勢鬆其腰胯，坐實左腿，虛其右步，如第九圖之乙式，化至甲勁將完時，即向右轉身中正，同時以右手轉拏甲之右手腕，向上隨身腰右掤，並以左手沾著甲之右肘，用腰腿勁，還向甲之胸前按進亦成右前左後之弓步式。

(3)甲被按亦如乙之向左側鬆化，坐實左腿，化至乙勁將盡時，身轉中正，復如前式按出；此係右式，倘換左式，則法與右同，在初學時如不能即得圓滿，可先求得四角，待四角成熟後，再練圓形，若能鍛鍊有恒，不獨週身四肢得獲沾黏等勁，更可補助命門元氣之發達，腎部之健全。

二·雙手按履推法。二人對立如前各將右足踏進一步。

(1)甲以右手掌按乙之右手腕，並以左手按乙之右肘，向乙之胸前按進，如前之第九圖甲式；

第十圖

(2)乙之右手臂略作彎屈，向左側後化，含有掤勁，坐腰鬆胯，坐實左腿，如前之第九圖乙式；至甲勁將盡時，以腰腿勁，向上往右繞圈掤起，用右手背沾甲之右手腕，隨轉隨搫，並以左手肱部（近脈門處）黏住甲之右臂向右攌之，如第十圖乙式；攌後復改為按。

第十一圖

(3)甲亦變為攌之後而改為按，動作如前，此為右式，左式方法亦同（左步右步在前均可）惟方向相反。

三・雙手互攌推法。

兩人對立如前，

(1)甲以左手背沾住乙之左手腕，隨轉隨搫，並以右手肱黏住乙之左臂向左攌乙，鬆腰鬆胯坐實左腿，如第十一圖之甲式。

(2)乙被攌至將失勢時，左手即趁腰腿之勁轉掌沾搫甲之左手腕，並用右手肱黏住甲之左臂，轉腰繞圈，鬆其腰胯坐實左腿，向左攦甲，轉為順勢。

⑶甲被攦至將失勢時，乃轉腰繞圈，鬆胯坐實左腿，復攦乙如前式，甲乙循環不已，此乃左式，右式亦同，惟左右手須要互換，步法則不受拘束。

四．雙手攦擠，橫擠推法。

⑴甲以左手背沾乙左手腕隨轉隨拏，並以右手肱部黏乙左臂，向左側斜攦；如前之第十一圖。

第十二圖

⑵乙被攦乘勢將左臂變為半圓形，以右手內附於己之左脈門，將左臂向甲之胸口擠進，如第十二圖之乙式。

⑶甲被擠將至胸前時，即含胸拔背，以緩乙之攻勢，並將右肱部（臂腕之間）橫置於乙之上膊骨中間，（臂之上部）如十二圖之甲式，使乙臂貼身，並

以左手附己之右脈門，用右臂向乙之胸前擠進；乙被擠，向右往後略化，旋即向左鬆腰鬆胯，坐實左腿，同時左手沾拏甲之左手腕，右手肱部黏甲之左臂向左斜攦。

(4)甲被乙攦至乙勢將盡時復成為擠，乙即再為橫擠，甲亦再變為攦如前式；此為右步左攦法，若左步右攦，須換方向。

五・雙手摺疊推法。（一名壓腕按肘沾黏推法）兩人對立各將右足踏前一步；

(1)甲以右腕背置於乙之右腕背上，掌心向上，指尖前伸，並以左手按附乙之右肘，向乙之胸前及咽喉插進，如第十三圖之甲式。

第十三圖

(2)乙被點插，趁勢向左轉腰鬆胯，坐實左腿，並以右臂由左向右繞一立體圓圈，將右手用腰腿之勁，翻至甲之右手腕上，亦以右手掌指尖向甲之胸前插進，式與甲同，左手按附於甲之右肘。

⑶甲乙進退循環插化，為右式，但左式法雖同而兩手及方向須相反；初學時可用單手，僅作壓腕式學習，法亦如上，較為便利。

六．擠攌鬆化推法。二人對立如前，各將右足踏出一步；

⑴甲以右臂成半圓形，似如抱物，同時左手掌內附於己之右肱內部，趁腰腿之勁向乙之胸前擠進，成右前左後之弓步式，如第十四圖之甲式。

第十四圖

⑵乙被擠即坐腰鬆胯以緩甲之來勢，同時以右手採執甲之左肘，左手採執

甲之左手腕上掤左繞，含胸向左後攌，坐實左腿，亦如前之第十一圖甲式，甲勁既被化盡，即趁勢轉腰以左臂成半圓形，右手掌內附於左肱內部，成右前左後之弓步式，向甲之胸前擠進。

(3)甲被擠亦即隨勢後鬆，同時以右手採執乙之右手腕，上掤右繞，左手採執乙之右肘向右後攌，則乙之擠勁被化，乃趁勢轉腰仍以右臂擠乙，乙即仍如前式以擠甲，往返循環，左右均可照式運用，倘以左足在前時，則可左右互換，進退如常。

七·掤履擠按四手推法。甲乙二人，如前各將右足踏一前步。

(1)甲以雙手按乙右肱，乙即坐腰鬆胯坐實左腿，以緩甲之來勢，（此即後退）然後用腰腿勁，將右肱向上往右掤起甲之右臂，如第十五圖之乙式，（掤勢）並趁勢下繞，沾甲之右手腕，同時左手黏執甲之右肘活節處，以腰腿之勁

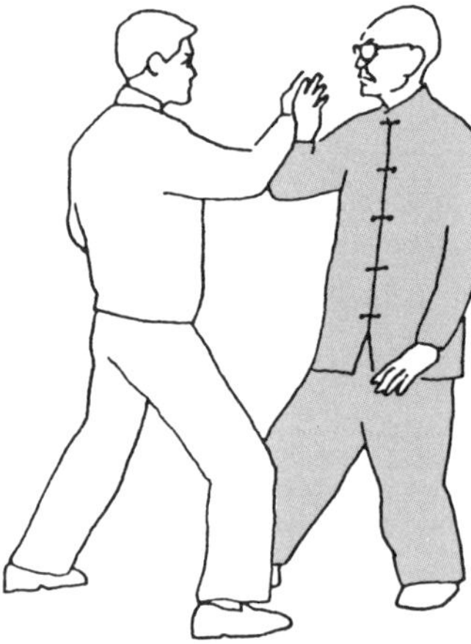
第十五圖

向右後履，如前之第十圖乙式（攦勢）。

⑵甲被攦至勢將背時，即趁勢跟進右轉，並將右臂變為半圓形，左手掌附於右肱內部以腰腿之勁向乙之胸前擠進，（此為前進）如前之第十四圖甲式（擠勢）。

⑶乙於被擠時即含胸拔背，坐腰鬆胯，坐實左腿，向左側化之（此為左顧），如前之第九圖乙式（化勢），化至甲勁將盡時，即以右手採執甲之右手腕，左手採執甲之右肘，用腰腿勁及沉肩垂肘，向甲之胸前按進，亦如前之第九圖甲式（按勢）。

⑷甲被按由掤而轉為攦乙之右臂（此為右盼），乙被攦至勢將背時，即轉右臂作半圓形，如同抱物，左手掌附於右肱內部，以腰腿勁及沉肩垂肘，向甲

之胸前擠進；綜上所述掤攦擠按化之各式，已分為前進、後退，左顧、右盼之各法外，尚須保持週身重心之中定，為往反循環週而復始鍊習之基礎。

八・左右掤攦按化推法。

甲乙對立如前，各出右步，

(1)甲乙各以右手背相沾，甲以腰腿勁略向右轉，以右手正握乙之右手腕，左手採執乙之右肘趁腰腿之勁，向乙之胸前按進，成右前左後之弓步式如前第九圖之甲式。

(2)乙被按坐實左腿，向左鬆化，趁勢以左手從己之右臂內肱採執甲之左手腕，而以右手採執甲之左肘，向左，先含掤攦勢，而後直向甲之胸前按進，亦成右前左後之弓步式。

(3)甲被按坐實左腿，向右鬆化如前第九圖之乙式，趁勢以右手從己之左臂內肱採執乙之右手腕，左手採執乙之右肘，向右，先含掤攦而後直向乙之胸前按進，姿勢如前。

⑷乙被按，如前之坐腰鬆化，仍復按甲，甲復化而後再次按乙，循環往返，並可左右互換，照式練習，久之自能悟得懂勁。

九．按擠化攦推法。甲乙各出右步，各以右手背互沾。

⑴甲轉右手採執乙之右手腕，左手採執乙之右肘，向乙之胸前按進，如前第九圖之甲式。

第十六圖

⑵乙被按即坐實左腿，隨向右轉鬆化，並以左手內肱沾管甲之右臂。

⑶甲以乙向右化，亟翻右手掌心向內，左手附於右手內肱掌心向外，以擠乙胸左，如前第十二圖之乙式。

(4)乙因被擠，左手隨腰腿之勁擺甲右臂，並由上、下繞向左轉身搬擺、化開甲之擠勁，如第十六圖之乙式；乙於化開甲勁後，即轉左手採執甲之左手腕，右手採執甲之左肘，向甲之胸前按進。

(5)甲被按即坐實左腿，左轉鬆化，並以右手內肱沾管乙之左臂，乙因甲向左化，亟翻左手掌心向內，右手附於左手內肱，掌心向外，以擠甲之胸右。

(6)甲因被擠，右手隨腰腿之勁，擺乙左臂，並由上、下繞向右轉身搬擺、化開乙之擠勁，甲於化乙勁後復再採執乙之右手腕，如前循環練習。

叁　活步推手圖解

定步各式推手行功，已至腰腿練熟，身手步法亦知配合，乃可進而練習活步推手，易使週身上下一致，期達如何能化，如何能發之實地練習；初時甲乙僅走圓圈，練習手足之前進後退，一俟左顧、右盼及中定皆能合宜，則快慢必須力求均勻，切忌手快而足慢，或手慢而足快，亦不可足未到而手先到，手未到而足已到，其各式運用動作分列於後。

一．雙手旋轉進退推法。

⑴甲乙對立，各將右足踏出一步，各以右手背互相沾著，如前之第一圖。

⑵甲轉右手採執乙之右手腕，上掤向右轉繞下沉，左手按乙之右臂，並上右步落於乙之右足外部；同時乙退左步，右臂作半圓式，左手附於右手內肱，

第十七圖

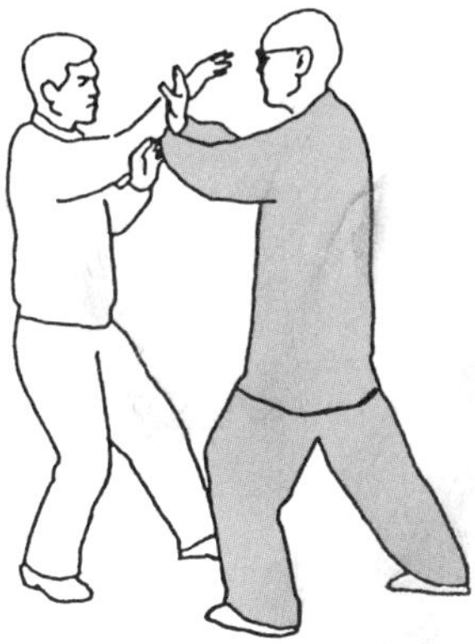

第十八圖

隨向左後鬆化，如第十七圖。

(3)甲以右手由下繞一轉，左手在內與右手在外連合，成為十字式上掤，並上左步；同時乙退右步，仍以半圓式之右臂作為掩護，如第十八圖。

(4)甲上右步落於乙之檔前，同時右手向右採執乙之右手腕下沉，左手並按乙之肩臂，乙即隨勢退左步鬆化，如第十九圖。

(5)乙於鬆化後，右手以腰腿勁右轉採執甲之右手腕上掤，向右下沉，並上右步落於甲之右足外部，同時以左手按甲之肩臂，甲即退左步向左後鬆化，再退右步；同時

第十九圖

乙上左步再上右步，此為往返循環甲乙之右式，活步旋轉推手，如換左式，則先上左步，用法亦如右式。

二・雙手合步進退推法。甲乙對立，各以右足踏前半步，即用右手外肱相接。

(1)乙以右手轉採甲之右手腕，左手採執甲之右肘，同時右腳前進一步，以腰腿之勁，向甲胸前按進。

(2)甲被按即坐腰退左步向後鬆化，同時以左手從己之右臂內肱轉採乙之左手腕，右手採執乙之左肘向左後攦。

(3)乙被攦即上左步，屈左肘成半圓形，以右手掌附己之左脈門，向甲之胸前擠進。

(4)甲被擠即坐腰退右步，向後鬆化，同時以右手從己之左臂內肱轉採乙之右手腕，左手採執乙之右肘後擺。

(5)乙被擺，即上右步屈右肘，成半圓形，以左手掌附己之右脈門，向甲之胸前擠進。

(6)甲被擠即坐腰退左步向後鬆化，同時以右手從己之左臂內肱採執乙之右手腕，上捌，左手採執乙之右手肘，上右步，以腰腿之勁，向乙之胸前按進，亦如前乙之手法前進三步，則成甲進乙退，乙進甲退之循環進退推法；此係右式，若左式，法雖同而形異。

（此式姿勢，前已列圖，可資參考。）

三·順步旋繞推法。甲乙對立，（如盤架時起勢）：

(1)甲上右步以右拳出擊乙之胸口，同時左手前抄上揚如第二十圖。

第二十圖

第二十一圖

(2)乙即鬆腰坐實左腿，並以右手採拏甲之右手腕臂向右掤化，同時上右步落於甲之右足外部，足尖向右，隨上左步，右手下沉，左掌趁勢出擊甲之肩背，成為左前右後之弓步式，如第二十一圖。

(3)甲於乙掌將到未到時，即坐實左腿，橫上右步落於左前方，足尖向右，同時右手趁勢轉採乙之右手腕臂向右下沉，跟上左步以左掌按擊乙之肩背，亦如乙之左前右後弓步式，（左右同法）。

四．合步旋繞推法。甲乙起勢如前。

第二十二圖

第二十三圖

(1)乙將被甲擊到時，即用前之順步推法，二十、二十一之兩式，以擊甲，如前圖。

(2)甲將被乙擊到時，即向左後鬆化，左手隨腰腿勁由下向上往左採掤乙之左手肱部，同時右腳向右方隨移半步如第二十二圖。

(3)復上左步（腳尖向左），左手轉執乙之左腕下沉，再上右步，同時以右掌按擊乙之左肩，如第二十三。

(4)乙被甲按擊時，即向右後鬆化，右手隨腰腿，由下向上往右採掤甲之右手肱部，同時左腳向後方隨移半步，復上右步（腳尖向右），如第二十四圖。

第二十四圖

第二十五圖

(5)右手轉執甲之右腕下沉，再上左步，同時以左掌按擊甲之右肩，如第二十五圖。

(6)左右同法，互換運用。

肆　各式推手意義之闡明及不固定手推手之簡介

綜上各式推手，均係本於十三勢之掤攌擠按，採挒肘靠，前進後退，左顧右盼，中定之五行八法，而得相生相剋的實用；是則以中定為體，其餘之十二勢為用，相互聯擊，方能發勁得勢；中定即中正，己身中正，則重心乃得有所寄托；在內勁將發未發之際，先能中定己勢，然後發之，則心靜氣穩，發必得勢，守必泰然，轉換自無不宜；故中定在推手中，極關重要；至於掤之後則生攌，攌之後則擠，擠之後則生化，化之後則生按。但要解按必須要用掤，解攌必須要用擠，解擠必須要用化，用按，此為相生相剋自然之勢。再如掤若僅用手臂之力；則勁小而無效，非用腰腿之勁及意氣之鼓蕩不為功。在未掤之前，須含有化圈，否則易生頂勁；在攌之前須向前掤，使彼被誘亦向前，如此雙手攦之即可借力得勢，且不易丟；在擠之前，應先任人攦足，足後變擠，易使己身靠近彼身，否則距離遠近不一，則難借力得勢於中斷；在按之前須有後化之勁，後化則彼重心必向前仆落空，我可乘勢前進，否則彼可坐腰穩步不易按動；身體不宜過向前仆，以免被人借力；膝既不可突過足尖，肘亦不宜過膝，時時須要保持己身之中正，而免前俯後仰之弊；當推手時，必須凝心靜，氣沉丹田，虛領頂勁，沉肩垂肘，含胸拔背，身體中正，尾閭收住，鬆腰鬆胯，而週身四肢，尤需完整一致；其眼神注視之方向，必須做到掤要上視，攦要後視，按擠要前視，所有黏化拏發等勁，可參考第六篇第四節；內部呼吸方法，可參考第六節；定步各式推手，如能練至手臂腰腿均可沾黏連隨，伸縮自如，身形轉換更能舒展適時，稜角不生；可再研習不固定推手，以求隨感隨應，便於運用之方法。

不固定推手著，是不拘於一定之成規，隨機運用，因時制宜儘其本有之技藝，提起警覺練習聽懂各勁，及手眼身法步之各種動作，要順勢乘機，輾轉合度，要於不頂不抗中找方法，要於沾黏連隨隨時尋機會，遇勁即鬆即化，化後轉進，剛柔並施，高打則高顧，低打則低應，彼進則我退，彼退則我進，緊緊黏隨，有隙即乘，攻其無備，出其不意；攻守之勢雖有不同，而隨機應變，則必賴於一心，虛實陰陽既須分析清楚，而進退旋迴亦應照顧恰當，務使己身時時處於順勢，彼身居於逆境，方可算能得機得勢，則隨心應手發無不中，攻守自無不切實際之虞。

伍　大攌圖解

大攌稱為隅手，以補正手之不足，因正為方，隅為圓，故於純熟定步活步推手後，即須練習大攌，才可方極而圓，圓極而方，方圓並用，切合循環陰陽變化之理；倘能痛下功夫，達到手法、步法、上下週身一致，反較推手易長功夫，而感興趣；因於變化中寓有奧妙，不獨採挒肘靠相互兼施，而掤攌擠按，亦能隨時適用，其閃撅二法尤為凌厲；十三勢之五步八門前雖屢有解釋，因與大攌之關係密切，故再分析於後。

(1)掤，（掤者，因敵閃己、攌己、按己時、均用腰腿之勁，以臂掤之）。

(2)攌，（攌者，若敵閃己面部，或按己肱部時即用腰腿之勁，以攌其閃手之臂）。

⑶擠，（擠者，倘敵將履己時，我即乘勢以擠彼，亦可隨機用閃，或順其勢而予以反攌）。

⑷按，（如敵靠己於將到未到時，用手法、步法、身法、上下一致轉化其勁，上步以雙手變按）。

⑸採，（係採取，一經搭手即含有採意，如攌敵時，即執敵之手腕，以腰腿之勁往下採之）。

⑹挒，（挒者，挒捩折拗以制人，或在採後攌後，用腰腿之勁，轉以手背擊人面部）。

⑺肘，（臂曲外則為肘以擊人，如於被攌之臂變而為肘，擊人之心窩，其勢甚猛，必須注意免致傷人）。

⑻靠，（於被攌時，以被攌之肩臂，趁勢上步靠敵心窩，倘用不得法，則

難收效，如距離太遠，則不免有衝撞之虞，過近則勢閉，勁難展透以發出，故靠時，己身須先中正，步必插入敵之襠內，兩肩平沉，高低相等，要用腰腿之勁，加以意氣向前往下靠之。

(9)閃，（閃者，為快如閃電，有難於提防之概，於攦敵後，為防敵靠己，而先以手掌閃其面部。）

(10)撅，（撅者，快速短促以擊人，如於攦敵時以一手執其手腕，另以臂肱用腰腿之勁，撅其被攦之肘部，隨勢俯身往下向前撅擊其臂。

以上諸法，為攦之基本動作；但虛領頂勁，含胸拔背，沉肩垂肘，鬆腰鬆胯，尾閭中正，上下週身一致之各要點，固須做到，而腰腿之運用，意氣之鼓蕩，眼神之注視，尤為大攦中之主要原則，亦均不可忽略；再如大攦時之雙手必須相黏相連，方可使勁不斷，勁不斷，則無隙可乘，倘或丟開則易被趁虛而入，且難測知敵之勁路，故兩手必須互相衛護；在靠敵時，須以另一手附於靠之肱內，以防敵擨我臂或閃我面部；如挒時，須以另一手拏住已近我身之敵手，否則我未挒敵，而反易被敵肘擊我之心窩；凡此切要關鍵，均須勤加研究，以求得其奧妙。

一．固定大攦之按手推法。甲乙對立，甲衣黑，乙衣白，甲面向北為上手；乙面向南為下手；如太極拳之起勢。

(1)甲上右步以右拳擊乙，乙趁甲之來勢，即以右手向上掤甲之右拳，如前之第十五圖；隨沾甲之右手腕，向右下採，如前之第六圖；退左步，再退右步，以左手肱部攦甲之右臂，成為攦式，如前之第十圖。

(2)甲於右拳出擊後而被掤攦時，隨移右腳，跟上左步，復橫上右步插入襠內，成丁字形，同時用左掌附於己之右內肱部，以右肩靠乙之心窩，如前之第十四圖。

(3)乙在被靠而未靠到時，提起左足鬆化，用身法腰法，將右足插入甲之襠內，同時以雙手按甲之右臂，成為按式，如前第九圖之甲式。

(4)甲被按而未按到時，以左手上掤，並沾乙之左手腕，橫退右步，再還左步，以右肱擺乙之左臂，成為擺式，如前之第十一圖。

(5)乙被掤擺時，隨移左步，橫上右步，再上左步插入甲之襠內，成丁字形，同時以右手掌附己之左內肱部，用左肩靠甲之心窩，如前之第十二圖。

(6)甲被靠而未靠到時，提起右足，用身法，腰法，將左足踏入乙之襠內，同時以雙手按乙之左臂，成為按式，如前之第九圖；

(7)乙被按而未按到時以右手上掤，並沾甲之右手腕向後擺甲，循環往返，左右亦可隨意互換。

二・固定大攌之閃手推法。甲乙同前對立。

⑴甲上左步以左拳出擊乙之胸口，乙即以腰腿勁鬆化，趁勢以左手向上往左掤甲之左拳，隨沾其左手腕向左下採，先退右步，再退

第二十六圖

左步，並以右手肱部攌甲之左臂，成為攌式。

⑵甲於左拳出擊後被掤攌時，隨移左腳，跟上右步，復橫上左步，踏入乙之襠內，成丁字形，同時以右掌附己之左內肱部，用左肩靠乙之心窩。

⑶乙被靠而未靠到時，以右手推擊甲之左臂，同時用左手掌閃擊甲之面部如第二十六圖；

⑷甲於被閃而未閃到時，即以左手上掤乙之左手掌，並沾其左腕，往左下

採，先退右步，再退左步，翻身以右手肱部攦乙之左臂，成為攦式。

(5)乙被掤攦時移左步上右步，復橫上左步踏入甲之襠內，成丁字形，同時用右掌附己之左內肱部以左肩靠甲之心窩。

(6)甲被靠於將到未到時，以右手推挐乙之左臂，同時用左手掌閃擊乙之面部，此為左式之週而復始的練習；倘練右式，則須互換手法步法。

三·不固定大攦之推法。固定與不固定之基本原則，並無不同，因固定須按照規定動作，以便初學之練習，一俟純熟再進而練習不固定之大攦法，則較易入彀；但左右靠攦，雖與固定同一方式，而閃按則隨機運用，更不受方向部位之拘束；譬如依照上述固定推法之起式，甲乙對立，甲面北為上手，乙面南為下手，甲先上右步以右拳擊乙，乙掤甲臂變為攦，甲乘勢上步以靠乙，乙被靠，本為按甲之右臂，因不固定而改為左閃；甲退右步以攦乙之左臂，乙被攦乘勢上右步再上左步以靠甲；甲被靠本為按乙之左臂，因不固定而改為右閃；餘則循環仿此，照固定當閃而為按，掌按而為閃，或甲按而乙回按，甲閃而乙回閃；總之被閃者則退化翻身為搌，須變方向；被按者則橫換二步為搌，不變方向；至於對四方之正，或隅，可隨意行使，因為不固定大搌法中之方向無定，次序不分，衹求勢順行當，任何一方均無不可；惟聽懂等勁，必須純熟，否則不易知人來勢及勁路；尤於靠敵後，敵用閃或按時，更須謹慎，因閃與按有方向之轉變關係至為重要；如敵用閃，則應先退後步，再退前步；如敵用按，則己應略化，先橫退前步，再換後步，因化按，不變方向；化閃則方向須要變更；但至極純熟後，則任其自便，無往不利，衹須方法不亂，以求得機得勢，前進後退，輾轉攻化，以及靠閃搌按等等均可聽其運用；此時即不論法與式，更不拘於方向，惟手法、眼法、腰法、腿法、步法皆要配合適宜，則週身自必靈敏，用無不當，統在學者能否領悟而已。

太極拳散手

壹第一節簡介

凡研習太極拳術者，莫不以散手為其結晶。因散手即可補助推手大攦之不足，並可發揮十三勢整套之功能，以推手大攦，間有脫落易丟之處，而散手有沾黏連隨、化拿順發之妙，且捨己從人，內勁通達，剛柔並用，不頂不丟，無論一手一式，均係有化有發，綿綿不斷，出於自然，統以腰腿為主，而無硬施強行之動作。故前輩名宿，多有作為主要科目。

太極拳散手，有單練雙練之分，單練係由個人，將整套十三勢之各種姿勢動作，予以折開，隨順機勢，循序推進，每一用法，聯貫一氣，分成甲乙兩套

（即上手下手）共為九十餘式。其用拳、用腕、用肩、用腰、用胯、用膝、用足、用腿、用肘、用掌、計有十節，及以運行各種姿勢名稱，如能詳為熟記，與基本盤架子同樣練習，則必事半功倍，領悟迅速。倘單練完整，則雙練對打，不獨姿勢易於恰洽、即手眼身法步之配合，亦不難於準確，久久純熟養成遇勁即鬆即化，有隙即乘機隨放隨發，自可融會貫通，而達榫入彀運裕如之境。編者僅就研習所知，勉為釋其意義，攝製各式圖片，以供同好之參考。

貳　太極拳散手圖解

起勢。甲乙二人對立，甲衣黑，乙衣白，兩足分開與肩同寬，甲面東為上手，乙面西為下手。

第一圖

一．上步捶。

(1)甲先上左步，復上右步，同時左手前抄上揚。

(2)右拳虎口朝上，進擊乙之心窩。

(3)鬆腰鬆胯，成面東右腳在前，之前弓後箭式，如第一圖。

二．提手上勢。乙乘甲之進擊時；

第二圖

第三圖

(1)左腳左移半步，復將右腳隨移半步，置於左足之前，足尖翹起，足跟著地。

(2)同時左右兩手隨腰腿旋轉勢，向左抄於甲之右肱外部，左手為主右手為輔，往上提起，向右化開，使甲勁落空，如第二圖。

(3)右手握拳，隨腰腿勁上勢，擊甲之右脅。

(4)右腳在前，成面西之弓步式；（簡稱）如第三圖。

三・上步攔捶。甲乘乙之上勢，將被擊到己之右脅時；

第四圖

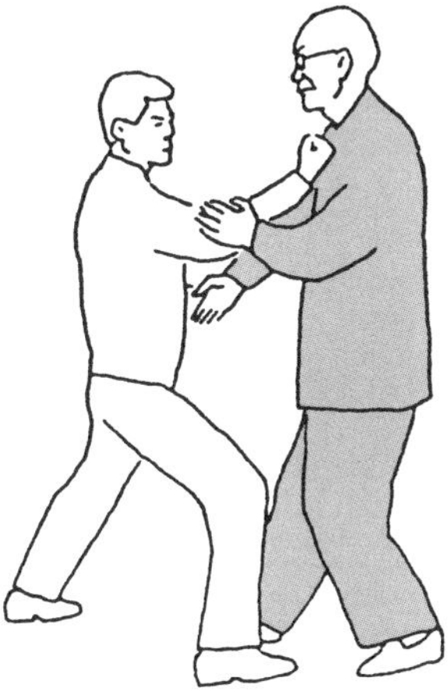

第五圖

(1)先鬆左步後化，同時以左手由下，向右抄於乙之右肱內部，往上向左攔開。

(2)復上右步以右拳擊乙之心窩。

(3)右腳在前，成面東之弓步式，如第四圖。

四・搬捶。乙乘甲拳將發勁時；

(1)先將腰腿向後隨同左步鬆化。

(2)同時左手由左向上轉下，往左搬開甲之右拳，右手往內下沉轉變為拳，隨上右步以腰腿勁，向前還擊甲之心窩。

(3)鬆腰鬆胯，成面西右腳在前之弓步式，如第五圖。

五・上步左靠。甲乘乙拳將發勁時；

(1)腰腿右轉略向後化，同時右手往後抽出，右足提起略向前落，足尖向右。

(2)左手隨勢上托之右肘，向上往右，使乙處於背勢，如第六圖。

(3)上左步置於乙之右腿後，蹲身成坐馬勢，以左肩靠乙之右腋穴。

(4)隨腰腿勁左轉發出，成左腳在前面東之弓步式，如第七圖。

第六圖

第七圖

六・右打虎。乙乘甲之靠勁將到時；

(1)即向左後鬆化，左腳隨撤半步，同時左手由下轉上採執甲之左臂向左下

第八圖

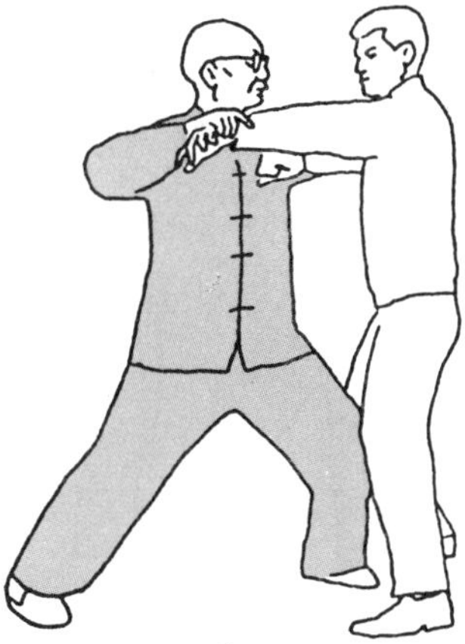

第九圖

沉。

(2)隨時提起右腳落於前方，即甲之左腿後，腳尖向左，並即退換左步，以右拳擊甲之背部。

(3)左腳在前，成面東之弓步式，如第八圖。

七・打左肘。甲乘乙拳將至時；

(1)即向左轉腰，左腳尖隨向左轉，跟上右步落於左腳前方，右手由下轉上，抄執乙之左手腕。

(2)同時復上左步，落於乙之襠前，身即下蹲，成面西左腳在前之弓步式，並以左肘進擊乙之心窩，如第九圖。

八·右推。乙乘甲肘將至時；

(1)即隨勢右轉鬆化，並以右手採握甲之左肘，趁腰腿之勁，向左側推發，使甲成為背勢。

(2)左腳在前成面東之弓步式，如第十圖。

第十圖

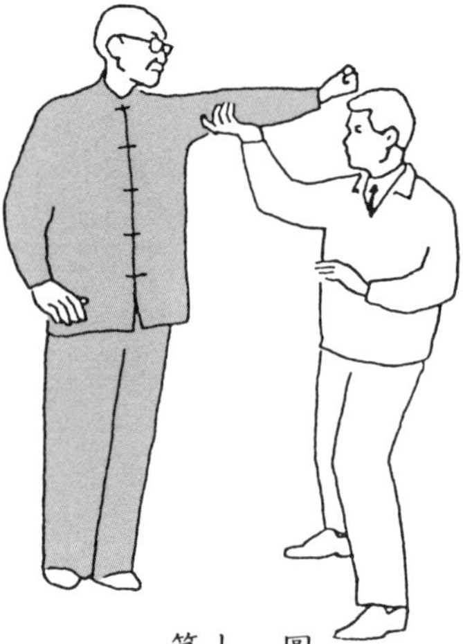

第十一圖

九·左劈身捶。

(1)甲趁乙之推勁，收回左步與右足相並起身，翻轉左拳（拳心朝上）由上往下劈擊乙之面部，或其胸部。

(2)成兩足並齊之立勢，如第十一圖。

第十二圖

第十三圖

十．換步右靠。乙在被甲將劈到時；

(1)身腰向左偏半，並用右手掌黏托，化開甲之劈捶，左足隨上半步，足尖向左，如第十二圖。

(2)上右足落於甲之身後，蹲身成坐馬式，同時右手執托甲之左肘，並用腰腿勁以右肩靠擊甲之左腋，成右腳在前面東之弓步式，如第十三圖。

一一．撤步左打虎。甲在將被靠到時；

(1)即鬆腰坐胯，隨撤右步以解乙之靠勁，並以右手由下轉上，採執乙之右肘，同時提起左足撤落於乙之右腿後方，足尖

第十四圖

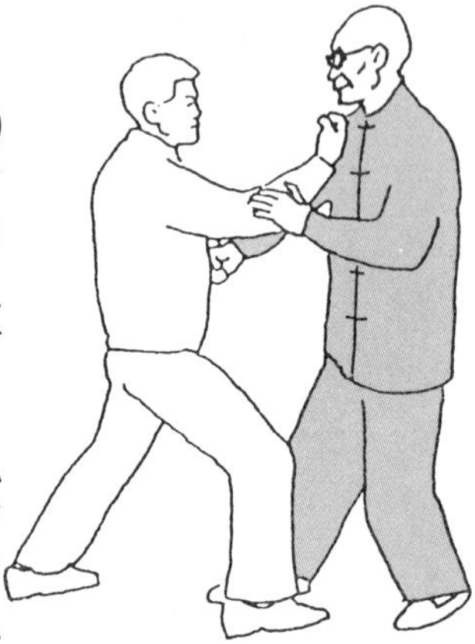

第十五圖

向右。

(2)趁勢右轉順撤右步，用左拳攻擊乙之背部。

(3)右腳在前，成西前東後之弓步式，面南視乙，如第十四圖。

一二·右劈身捶。乙在甲拳將到時；

(1)右足趁，向右轉腰時，足尖隨轉向右，同時左手由下抄執甲之右手腕，向左下沉。

(2)跟上左步以右拳（拳心向上）由上往下劈擊甲之面部及胸部。

(3)右腳在前，成面向北之弓步式，如第十五圖。

一三・提手上勢。甲乘乙之來勢；

(1)左腳向後斜撤半步，同時兩手內合，左手採執乙之右肘，向右化開乙之攻勢。

(2)右足隨進落於乙之身後，右拳趁腰腿之勁，由己之左肱上出擊乙之面頸等部。

(3)右腳在前，成南面之上勢式，如第十六圖。

第十六圖

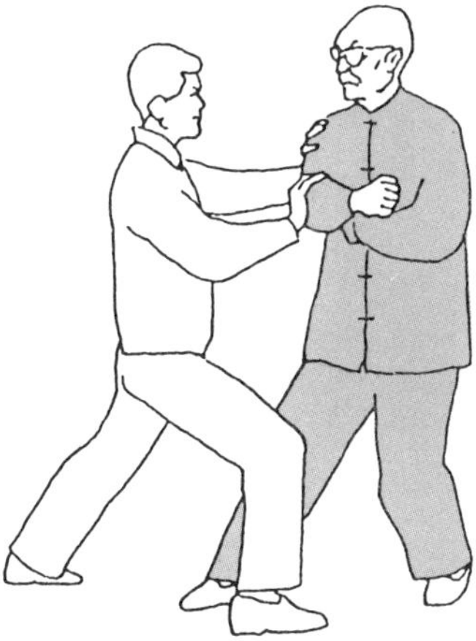

第十七圖

一四・轉身按。乙在將被擊倒時；

(1)即向右轉身，鬆化，右手趁勢向右採按甲之右肘，同時轉換右腳。

(2)左手隨按甲之右臂及肩，而左足亦跟左移半步，成右腳在前面向東北之弓步式，如第

十七圖。

第十八圖

十五．摺疊劈身捶。

(1)甲乘乙之按勢，略往左後鬆化，左腳亦隨勢移動，至順時即向右轉腰，左手向右順黏乙之右臂往左下沉拏開。

(2)上右步，同時右手握拳，（拳心翻上）趁腰腿之勁，向前劈擊乙之心窩。

(3)右腳在前先成上勢式，後成弓步式，面向西南，如第十八圖。

十六．開勢搬捶。乙乘甲捶將至時；

(1)即向左轉腰，並隨時鬆動左步，化開甲之右拳。

(2)同時左手往下向左挒開（即搬）甲之右臂，遂以右拳乘身體之下蹲進步

第十九圖

第二十圖

勢，前擊甲之心窩。

(3)右腳在前，成面向東北之弓步式，如第十九圖。

十七．右橫挒手

甲乘乙拳將至時；

(1)即向右轉腰，右腳隨勢鬆動後化，同時左手由下往上採撥乙之右拳，並拿其右手腕，左腳復隨同跟上半步，腳尖向左，右腳更亟緊跟一大步，插入乙之右腿後。

(2)右臂平橫於乙之胸部，或頸部，隨腰腿左偏勢向左挒之，使其後仰出。

(3)右腳在前，成面向東南之弓步式，如第二十圖。

十八・換步左野馬分鬃。乙在被挒將背時；

(1)即將右手抽出甲之左手，同時亟退左步，隨復撤換右步，腳尖向右化開甲之挒勢，並以己之右手肱部掤起甲之右臂，向右轉身，乘勢執拏甲之右腕。

第二十一圖

(2)左足踏前一步置於甲之身後，即將己之左臂，由甲之右腋下穿進，往上向左掤去。

(3)左腳在前，成面向西北之弓步式，如第二十一圖。

一九・下勢右打虎。甲在勢將背時。

(1)左手執拏乙之左肘，同時左足順勢鬆動，右手趁腰腿後退，抽脫乙之右手，右足隨勢提起跟進一步，以右拳由腰腿下蹲勢，平擊乙之左腋部。

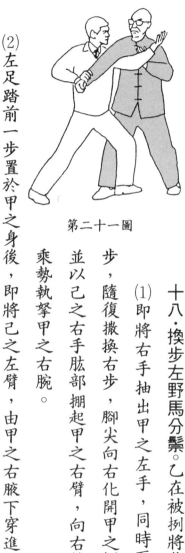

第二十二圖

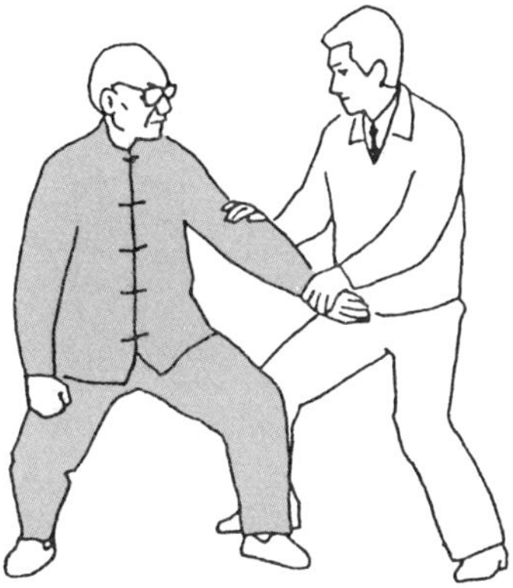
第二十三圖

(2)右腳在前成面向西南之弓步式，如第二十二圖。

二〇・轉身撤步攦。乙於甲拳將至時；

(1)即向左轉身，撤右步換左步，同時左手採執甲之左手腕，上右步以腰腿勁、用己之右肱、攦甲之左臂。

(2)右腳在前，成面西之坐馬勢，如第二十三圖。

二一・上步左靠。甲於被攦時；

(1)左足向左斜上一步，左足插入乙之襠內。

第二十四圖

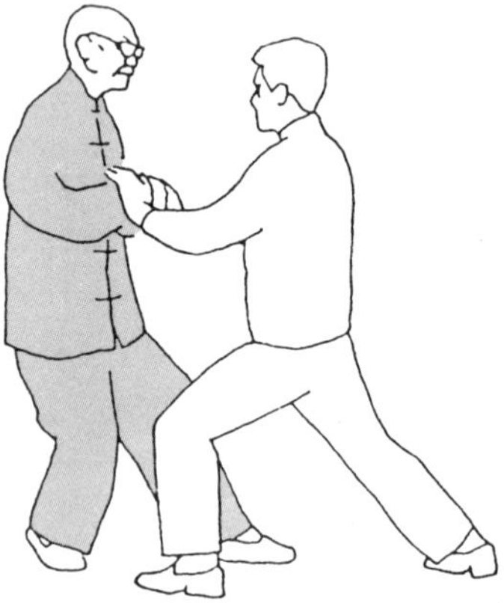
第二十五圖

(2)左手臂橫於乙之身前，右手附於己之左肘內部，並用左肩，以左腳在前面東之弓步式，靠襲乙之心窩，如第二十四圖。

二二·向右轉身按。乙在將被靠到時；

(1)右足即向左內橫邁半步，同時向右轉腰，提起左右足插入甲之襠內。

(2)右手按甲之右腕，左手按甲之右肘，雙手同時向前按去。

(3)左腳在前成面北之弓步式，如第二十五圖。

二三·雙分蹬腳。甲在將被按到時；

第二十六圖

第二十七圖

⑴即退左步向後鬆化，左手趁勢由下抄入乙之右肱內部，右手採執乙之左手腕，兩手同時左右分開。

⑵面東南提起右足隨腰腿下蹲勢，用足跟向前蹬乙之小腹部，如第二十六圖。

二四・指襠捶。乙在將被蹬到時；

⑴即撤左足，同時左手由上向下摟開甲之攻勢。

⑵右手趁腰腿後化勢脫出甲之左手，向後繞圈，復變為拳，隨右足向前一步，往下襲擊甲之襠部。

⑶右腳在前，成面之弓步式，如第二十七圖。

第二十八圖

第二十九圖

二五・上步右採挒。

⑴甲乘乙拳將至時，即落下右足，用右手由下往上向右採化，執拏乙之右手腕，左手按於乙之右肘，同時隨腰腿右轉勢，上左步，腳尖向左，往右向後下採，如第二十八圖；

⑵再上右步置於乙之右足後，右手臂隨腰腿勢提上，橫於乙之胸前，向左挒去。

⑶右足在前成面西之弓步式，如第二十九圖。

二六・換步右穿梭。

乙於被挒將到背勢

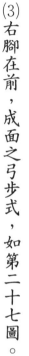

第三十圖

時；

(1)右手肱隨腰腿轉勢，上掤甲之右手臂。

(2)右足向後撤一步，往右轉身，左足上前踏出一步。

(3)左手肱向上架掤甲之右手臂，同時右手掌按擊甲之右腋部。

(4)左腳在前、成面西之弓式，如第三十圖。

二七・左掤右劈身捶。甲在將被按到時；

(1)即向右轉腰，以左手採執乙之右肱部上掤，同時左腳跟隨腰腿向後移動。

(2)右拳隨腰腿前進一步下蹲勢，由上往下劈擊乙之胸部。

第三十一圖

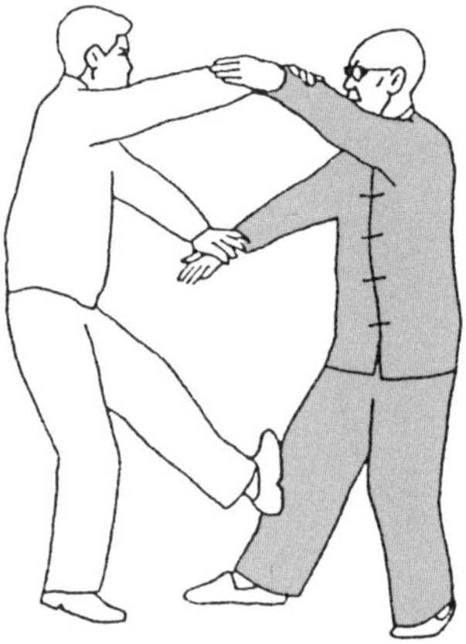

第三十二圖

(3)右腳在前成面東之弓步式，如第三十一圖。

二八．白鶴掠翅左蹬腳。乙在將被劈到時；

(1)右手向上採執甲之左手腕，左手朝下拏甲之右手臂，兩手即同時往外分開。

(2)面西身隨右腳移動下蹲勢，用左腳跟向前蹬甲之小腹部，如第三十二圖。

二九．上步左靠。甲在將被蹬到時；

(1)即向後略化，右腳亦隨同轉移，右手往下將乙之左足向右摟開。

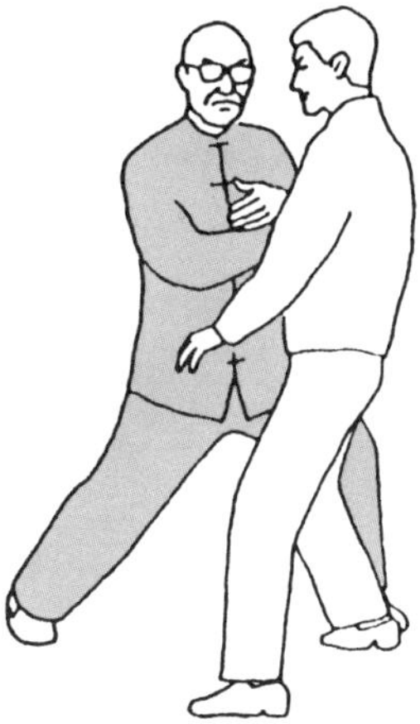

第三十三圖

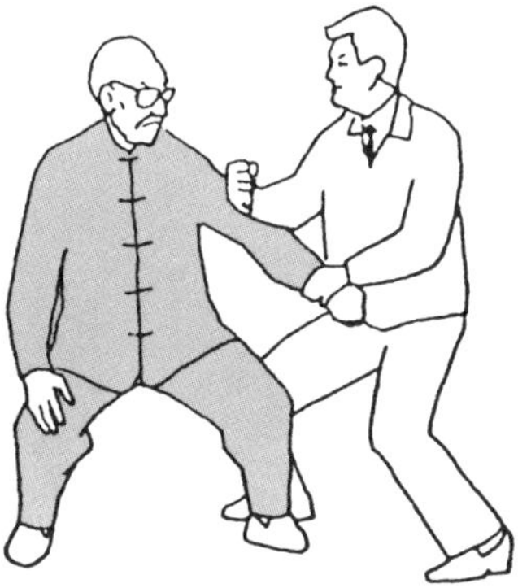

第三十四圖

(2)同時上左步置於乙之右腿後，左手臂橫於乙之身前，右手附於己之左肘內部，以左肩靠乙之心窩。

(3)左腳在前成面向東南之弓步式，如第三十三圖。

三〇・撤步擨左臂。乙於將被靠到時，

(1)即以左手，由下向上採執甲之左手腕，左足向後斜撤一步。

(2)右手肱隨腰腿前俯下蹲勢，擨甲之左臂。

(3)成右腳在西，左腳在東之坐馬式，如第三十四圖。

三一・轉身按擺勢。甲於被撅蹲身、勢將背時。

(1)即將腰腿向前略伸，上右步，撤左步，左手由下向前往上，翻執乙之左手肱腕部。

(2)腰腿向左、隨左臂轉為順勢時，右手即隨按乙之左肘，與左手配合下沉按擺。

第三十五圖

(3)成右腳在東左腳在西之坐馬式，頭面右轉視乙，如第三十五圖。

三二・雙風貫耳。乙於被按勢將背時；

(1)略往後化，右手由下抄入甲之左手肱內，左手亦即隨同轉入甲之右手內部，上右步隨勢往後坐腰，同時兩手左右分開甲之雙手。

(2)趁勢握緊雙拳向前往上，以兩拳虎口同擊甲之兩太陽穴，或兩耳。

第三十六圖

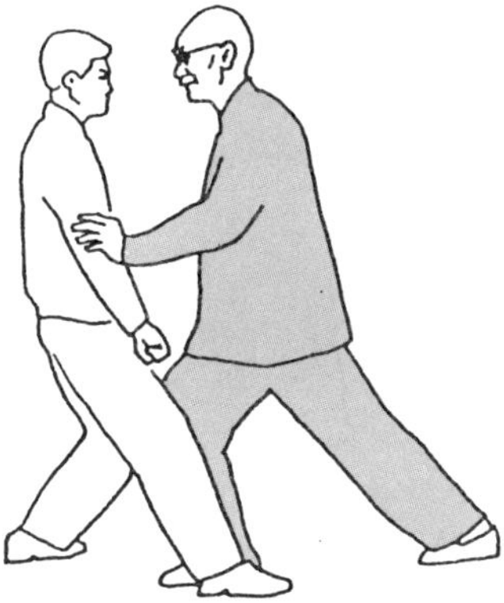

第三十七圖

(3)右腳在前，成面向西南之弓步式如第三十六圖。

三三・進步雙按。甲於將被擊到時；

(1)兩手隨腰腿後鬆勢，向下按化。

(2)撤左步上右步，同時兩手用發勁，向前按擊乙之胸口。

(3)右腳在前，成面向東北之弓步式，如第三十七圖。

三四・下勢搬捶。乙在將被按擊時；

(1)身即往後鬆化。

(2)左手將甲之右手向上往左掤搬，並執其肱部。

第三十八圖

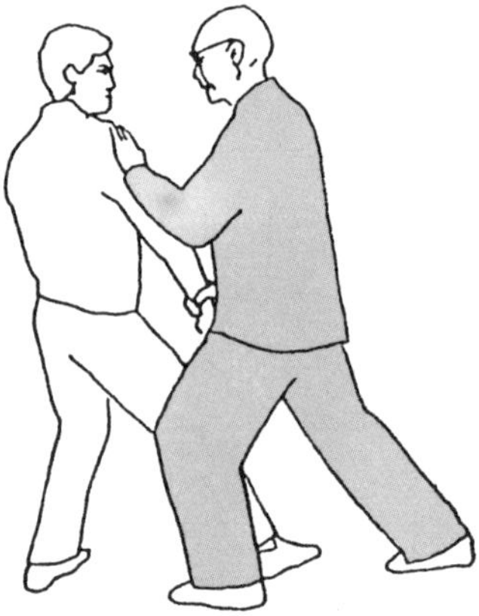

第三十九圖

(3)右拳隨身下蹲勢，向前擊甲之心窩或右脅。

(4)右腳在西左腳在東，成面向西南之坐馬式，如第三十八圖。

三五．單推右臂。甲於乙拳將擊到時；

(1)身臂隨腰腿向後鬆化，右轉，右手乘勢由下轉上，往右拏開乙之右拳，並採執其手腕。

(2)同時右足向左前方斜進一步，腳尖向右，左足隨上一步落於乙之右足後方，左手亟向右推乙之右臂或右肩，使其成為背勢。

⑶左脚在前成面向東南之弓步式，如第三十九圖。

三六・右搓臂。

⑴乙乘甲之推勢，左脚向右轉邁一步，化開甲之推勢，右手亦亟隨進一步落於甲之襠內，並將右臂抄於甲之右臂外部，左手腕採貼於甲之右手腕內部。

第四十圖

⑵右臂隨腰腿往後下蹲勢，向裏搓，同時左手腕亦隨腰腿勁，向外搓之。

⑶右脚在前成面北之弓步式，如第四十圖。

三七・順勢按。甲在將被搓到時。

⑴左手仍按乙之右肩，右手趁腰腿後退左步時抽出。

⑵即順勢上右步，以雙手按其肩臂，使乙成為背勢。

第四十一圖

第四十二圖

(3)右腳在前，成面向西南之弓步式，如第四十一圖。

三八．化打右掌。乙於將被按到時；

(1)右肩隨腰下蹲，向左鬆化右轉，同時右手掌提上，向右隔開甲之左手，乘勢隨腰腿勁，向左擊甲之左臉部。

(2)左手採執甲之右肘，以防其還手動作。

(3)右腳在前，成面西之弓步式，如第四十二圖。

三九．化推。甲於將被搧到時；

(1)即鬆腰胯蹲身往下左轉化開，同時兩手隨腰腿向下左轉翻上，向前按推

第四十三圖

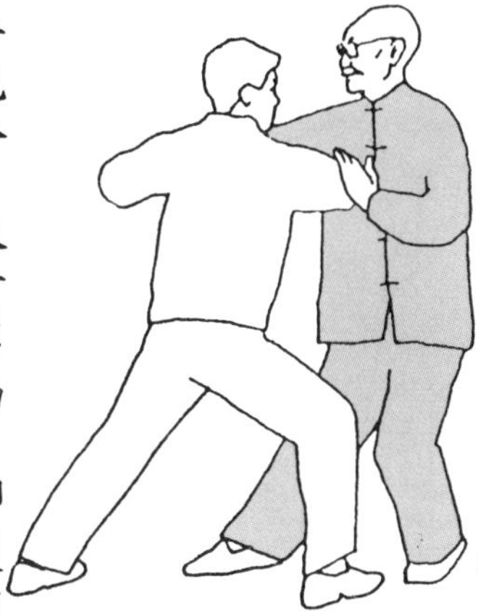

第四十四圖

乙之右臂部。

(2)右腳在前成面東之弓步式，如第四十三圖。

四〇・化打右肘。乙在將被推到時；

(1)右臂隨腰腿順勢，往左鬆化，至甲之胸前時，即屈右臂，以右肘向右襲擊甲之心窩。

(2)同時左手採執甲之右手腕，右腳在前，成面西之弓步式，如第四十四圖。

四一・進步採挒。甲在將被擊到時；

(1)左手向右推開乙之右臂，同時左腳與左手配合，略前移動，腳尖向左，右足進置乙之右足後。

(2)右手隨腰腿左轉勢，橫挒乙之頸部。

(3)右腳在前面東之弓步式，如第四十五圖。

四二．換步搬右臂。乙被挒至將背時；

(1)右手隨腰腿轉化勢，向上掤起甲之右臂，左腳隨勢退半步，同時撤右步向右轉身。

(2)右手採執甲之右手腕下沉，左肱置於甲之右臂上之肘部，隨腰腿下蹲勢往下搬之。

(3)左腳在前，成東西線之坐馬勢，面西視甲如第四十六圖。

第四十五圖

第四十六圖

四三．右打虎。甲被搬將至時；

第四十七圖

第四十八圖

(1)左手隨腰腿右轉後退一步勢，由己之右臂上採執乙之左肘向前推按，同時抽回右手，趁右足提起，進一步，落於乙之身後，握拳隨腰腿之勁，襲擊乙之背或脅部。

(2)右腳在前，成面東之弓步式，如第四十七圖。

四四・轉身撤步履。乙在將被擊到時；

(1)左臂隨腰腿往後鬆化，並轉換左足，腳尖向左，左手即趁勢轉執甲之左手腕，同時上右步，向左轉身，以己之右肱近腕處，沾住甲之左肘，兩手同時隨腰腿之勁，向左擺甲左臂。

(2)右腳在前，成面向西南之坐馬式，（兩腳在西南東北線．如第四十八圖。

四五．上步左擠。

(1)甲乘勢跟上右步，再上左腳插入乙之襠內。

(2)以左臂橫於乙之身前。

(3)右手放於己之左臂內部，以左肩隨腰腿下蹲勢；靠擊乙之心窩。

(4)左腳在前成面北之弓步式，如第四十九圖。

第四十九圖

四六．回擠。乙在將被擠到時；

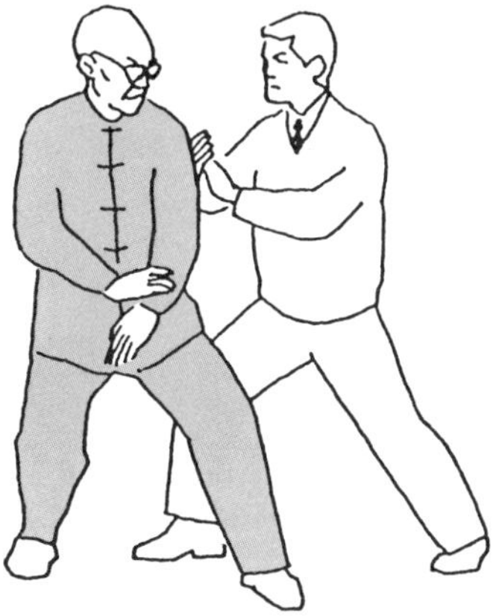

第五十圖

第五十一圖

⑴腰腿即向左後鬆化，左腳亦隨同後移，右肱橫於甲之左臂。

⑵同時左手掌置於己之肱內部，右足隨即上前一步，以右肱擠甲之左臂。

⑶右腳在前成面東之弓步式，如第五十圖。

四七・換步雙分右靠。甲於被擠至將背時；

⑴右手隨腰腿左轉勢。由下抄執乙之左手腕。

⑵左手隨右手分開勢，便即採執乙之右肘

內部，同時撤左腳上右步；插入乙之襠內，並趁勢用右肩靠擊乙之心窩。

(3)右腳在前，成面西之弓步式，如第五十一圖。

四八．換步轉身左靠。乙在將被靠到時；

(1)即往後化，並撤換右步，腳尖向右，同時抽出右手採執甲之右手腕，往下右按勢，再上左步以左臂橫黏甲之右臂，用左肩進靠甲之右腋。

第五十二圖

(2)左腳在前成面東之弓步姿勢，如第五十二圖。

四九．打右肘。甲在將被靠到時；

(1)即退左步，往後鬆化，左手乘勢採執乙之左肘，同時屈右臂，隨腰腿提起上（右足）步以右肘進擊乙之左腋、或左背部。

(2)右腳在前，成面西之弓步式，如第五十三圖。

五〇·轉身金雞獨立。乙於甲肘將擊到時；

(1)即向左後，轉身鬆化，右足踏前半步坐實。

(2)同時右手採執甲之左手腕，左手亦執甲之右手腕，乘勢，兩手同時分開後，即身向上升，以左膝蓋攻擊甲之襠部，成面東之金雞獨立式，如第五十四圖。

第五十三圖

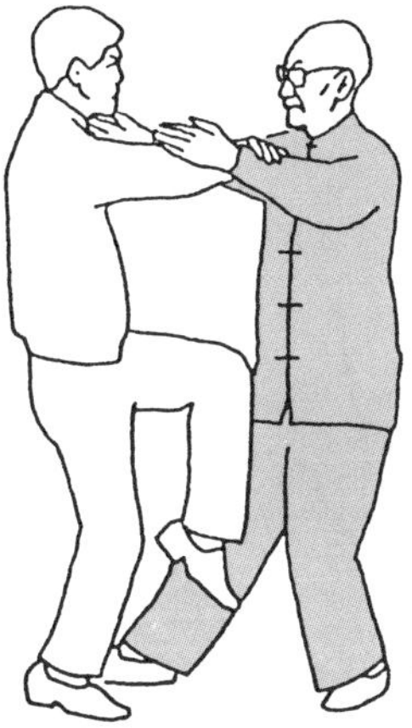

第五十四圖

五一·退步化。甲在被乙之膝蓋將攻到時；

第五十五圖

第五十六圖

(1)兩手同時往內翻下，即執乙之兩手腕，隨右足後退勢，往後向下採化。

(2)左足在前，坐實右腿，成面西之下勢式，如第五十五圖。

五二．雙分上步左蹬腳。乙被甲退化，而將受採執時；

(1)隨將兩手左右分開甲之雙手，復又轉執甲之兩腕。

(2)同時上右步，以左右提起蹬甲之腹部，面東如第五十六圖。

五三．後退轉身上步靠。甲在將被蹬到時；

第五十八圖

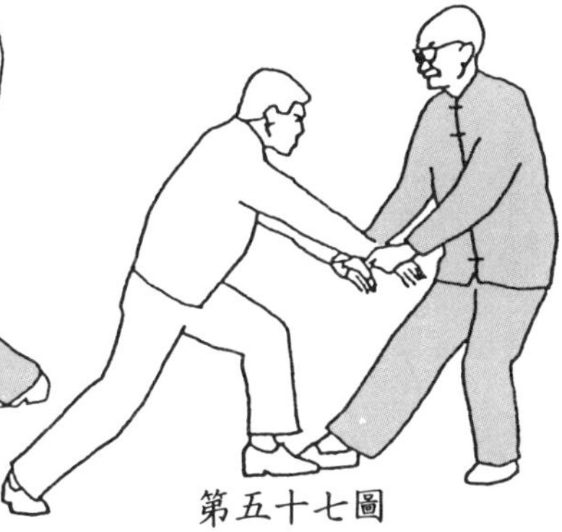

第五十七圖

(1)翻轉雙手採執乙之左右兩腕，亟退左步向下沉攌，化開乙之攻勢，如第五十七圖。

(2)換右步（腳尖向右）上左步，向右轉身，雙手沾按乙之右肘，同時以左肩靠擊乙之右腋。

(3)左腳在前成面西之弓步式，如第五十八圖。

五四．退步撅左臂。乙於將被靠到時；

(1)即退左步，隨腰腿勁，向左往後轉化，同時左手、由下往右轉上、向左採執甲之左手腕，以右肱隨腰腿左轉勢，向下撅甲之左肘。

第五十九圖

第六十圖

(2)右腳在前，成東西線之坐馬式，頭面右轉視甲，如第五十九圖。

五五．轉身換步右分腳。甲在將被搬到時；

(1)即乘勢左轉腰腿，換左步，（腳尖向左）隨往後化；同時右手趁勢，由己之左臂下往左翻上轉右採執乙之右腕。

(2)身即上升，面西以右足蹬乙之右脥部，再將左手向後張開，以稱其勢，如第六十圖。

五六．雙分右摟膝。乙在將被蹬到時；

(1)左手隨腰腿右轉勢由己之右臂下，往右抄執甲之右手腕。

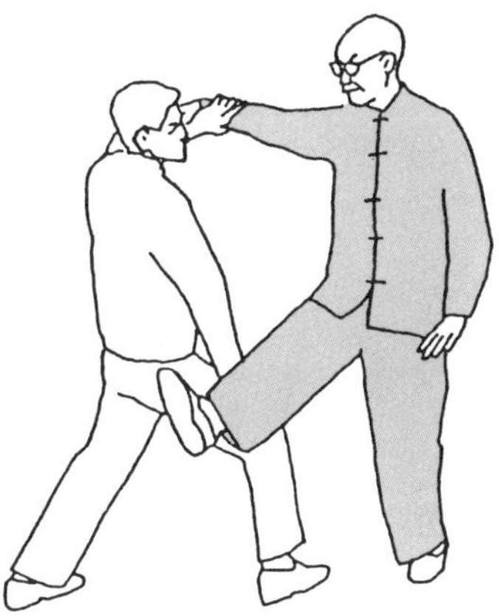

第六十一圖

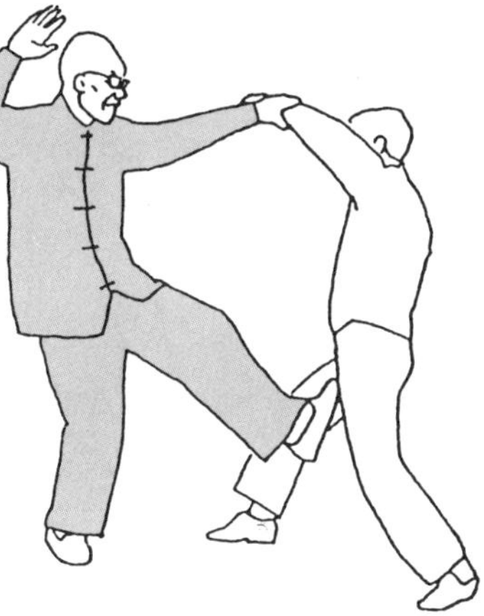

第六十二圖

(2)同時右手向下往右摟開甲之右足。

(3)右腳在前成面東之弓步摟膝式，如第六十一圖。

五七．轉身換步左分腳。甲在被摟勢將背時；

(1)右足後撤落下，左手隨腰腿右轉勢，向右由己之右臂下、採執乙之左腕，乘勢面西以左足、蹬乙之左腋部。

(2)右手向後張開以稱其勢，如第六十二圖。

五八．雙分左摟膝。乙於將被蹬到時；

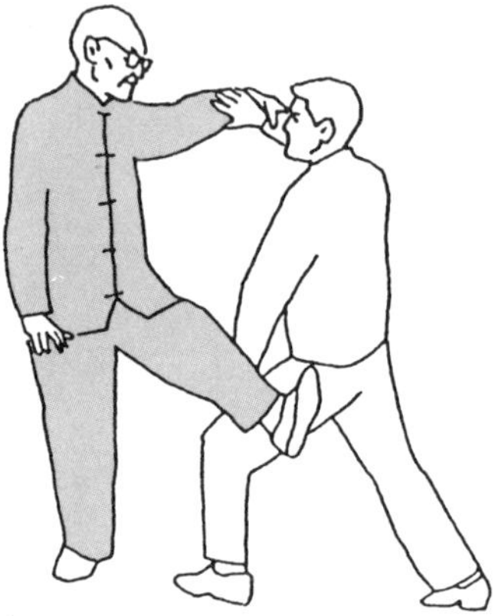

第六十三圖

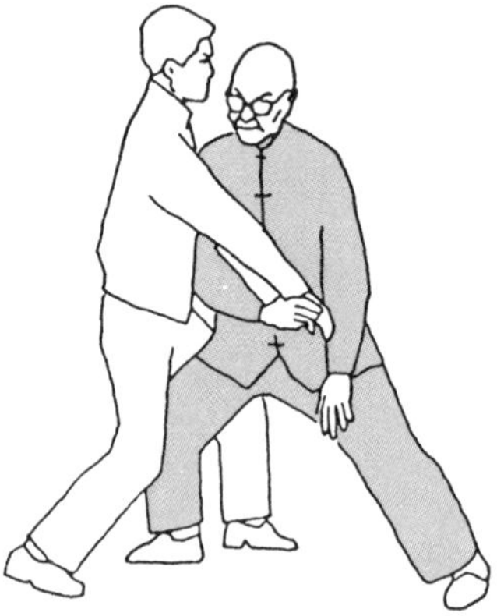

第六十四圖

⑴右手隨腰腿左轉勢，由己之左臂下，往左抄甲之左手腕。

⑵同時左手向下，往左摟開甲之左足。

⑶左腳在前，成面東之弓步摟式，如第六十三圖。

五九・換手右靠。甲在被摟將背時；

⑴即落左足，並往後撤半步。

⑵同時右手隨腰腿左轉勢，向上抄執乙之右手腕，由右往下繞一圓圈，右足趁勢向前踏出一步，以右肩靠乙之右胸部。

⑶右腳在前，成面西之弓步式，如第六十四圖。

六〇・回右靠。乙在將被靠到時；

⑴身隨腰腿向後鬆化，左足亦隨勢移動，右手隨腰腿左轉勢，向上往後繞圈，翻執甲之右手腕，下採。

⑵右足隨勢前進一步，以右肩回靠甲之右腋。

第六十五圖

⑶右腳在前，成面東之弓步式，如第六十五圖。

六一・上步左攬雀尾。甲在將被靠到時，

⑴右手隨腰腿向後鬆動左轉，由上往後繞圈化開乙之攻勢，並採執乙之右手腕。

⑵同時撤換右步足尖向右，上左步，置於乙之右腿後，而己之左手臂即由

第六十六圖

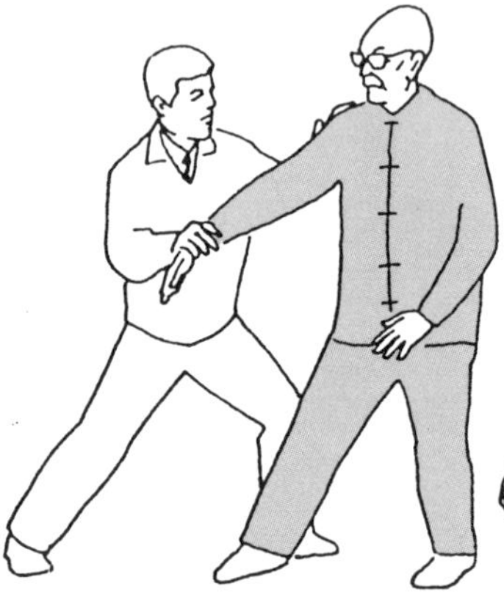

第六十七圖

乙之右腋下伸至乙之胸前，隨勢向左往前掤去。

⑶左腳在前，成面西之弓步式；如第六十六圖。

六二・右雲手。乙在將被掤到時；

⑴乘勢含胸拔背，退左步，向右轉腰坐實左腿，換右步（腳尖向右）。

⑵同時右手沾住甲之右手臂，向右往後採提，跟上左步，至甲勢將背時，再轉右手執甲之右手腕，並以左手掌按擊甲之右肩。

⑶左腳在前成面南之弓步式，如第六十七圖。

第六十八圖

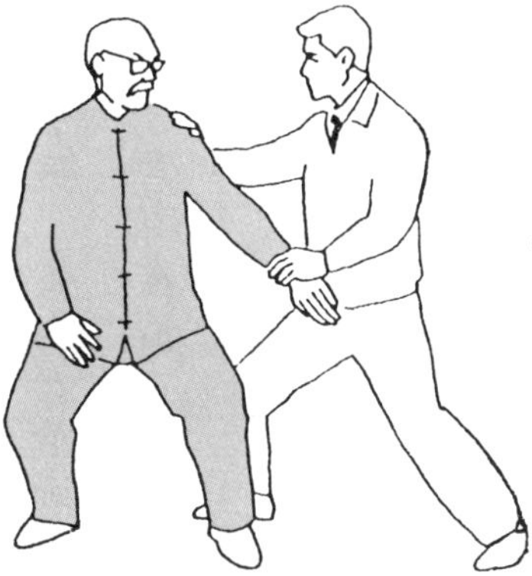

第六十九圖

六三・上步右攬雀尾。甲於將被按到時；

⑴乘勢退右步向後鬆化，右轉隨換左步，（足尖向左）再由右向左轉腰、同時左手由己之右手，抄執乙之左手腕，跟上右步，亟以右手由乙之左腋下，伸至乙之胸前，隨勢向右往前掤去。

⑵右腳在前，成面向西南之弓步式，如第六十八圖。

六四・左雲手。乙在被掤時；

⑴含胸拔背，乘勢退右步，向左轉腰，坐實右腿，換左步（腳尖向左）。

⑵同時左手沾住甲之左臂，向左往後採提，跟上右步，至甲勢將背時，再轉左手執甲

之左手腕，並以右手按擊甲之左肩。

(3)右腳在前，成面北之弓步式，如第六十九圖。

六五・右開左掤右劈身捶。甲被按擊將到時；

(1)乘勢向左亟轉腰腿，而左足亦即隨順移動，向後圓化。

(2)同時上右步，兩手左右分開，左手執拿乙之右手腕，右臂彎為圓形，隨勢化開乙之左手，即向前擊乙之心窩。

第七十圖

(3)右腳在前，成面向東南之弓步式，如第七十圖。

六六・側身撇身捶。乙在將被擊到時；

(1)右手即隨腰腿向左側轉上，往右翻手向下採執甲之右手腕。

第七十一圖

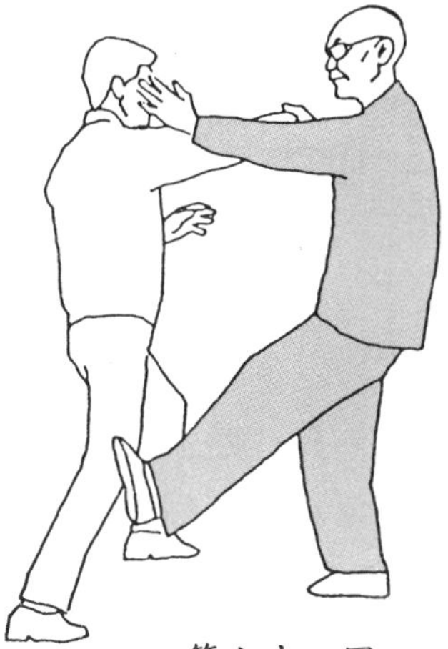

第七十二圖

(2)同時右足隨上一步，（足尖向右）落於甲之右側。

(3)跟上左步，左手趁勢按於甲之右肘，右手握拳向前，往下撇擊甲之胸部。

(4)左腳在前，成面向西北之弓步式，如第七十一圖。

六七．上步高探馬左蹬腳。

甲於將被擊到時；

(1)即鬆動左步向右轉身，隨換右步，（足尖向右）含胸拔背。

(2)右手趁勢採執乙之右手腕，左手掌向前撲擊乙之面部。

(3)同時面向東南以左足直蹬乙之右膝，如第七十二圖。

六八・白鶴掠翅右套腿。乙在上下將被擊到時；

(1)即鬆動左步，左手趁勢由下往內抄執甲之右手腕。

(2)同時右手由內往外向後分化甲之左手掌，並即向前搧擊甲之面部。

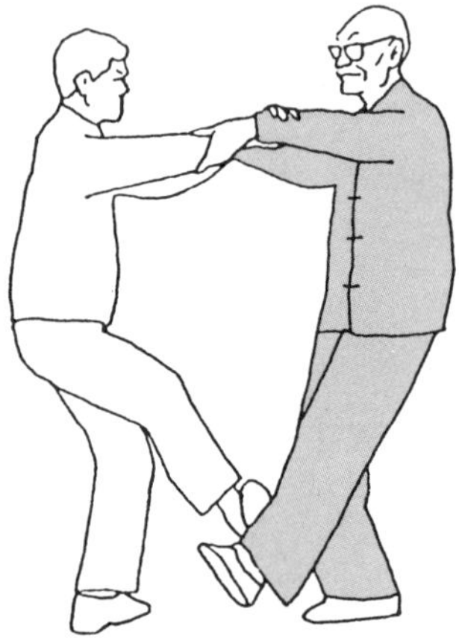

第七十三圖

(3)面向西北，以右腿套化甲之左足，並還蹬之如第七十三圖。

六九・轉身擺蓮。

(1)甲為避開乙之上下猛烈攻勢，遂即丟開乙手左腳化開落地，亟向右轉

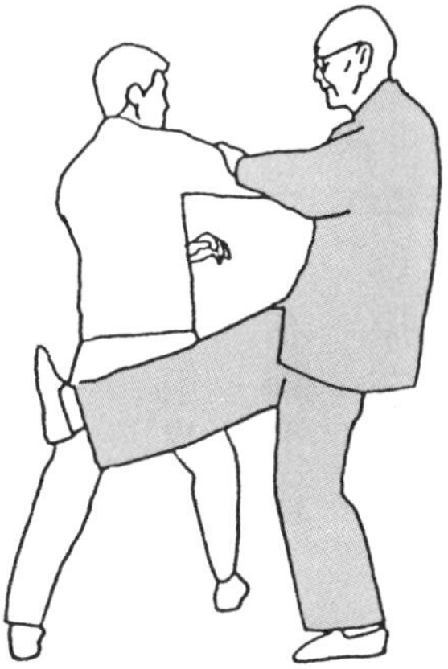
第七十四圖

第七十五圖

身。

(2)同時復以右手採執乙之右肘，左手輔之，並即提起右足，向右擺擊乙之右脅部，面亦隨轉向西，如第七十四圖。

七〇・左斜飛式。乙在將被擺到時；

(1)即向右轉身，並上左步，化開甲之右腿。

(2)右手趁勢採執甲之右手腕，左臂抄入甲之右腋下，橫伸於甲之胸前，向左掤去。

(3)左腳在前，成面東之弓步式，如第七十五圖。

七一・刁手蛇身下勢。甲在被乙掤至勢將背時；

(1)向右轉腰腿，隨右足往後鬆化一步。

(2)同時右手刁執乙之右手腕，往上向後提拿。

第七十六圖

(3)復亟上左步，坐實右腿、並隨勢蹲身，左手掌指直向前伸，攻擊乙之襠部。

(4)左腳在前坐實右腿，成面西之下勢式，如第七十六圖。

七二・右斜飛式。乙在將被攻到時；

(1)即鬆撤右步，左手由下向上，抄執甲之左手腕，同時斜上左步，（足尖向左）趁勢復進右步，右手臂抄入申之左腋下，横伸於甲之胸前，向右往上掤

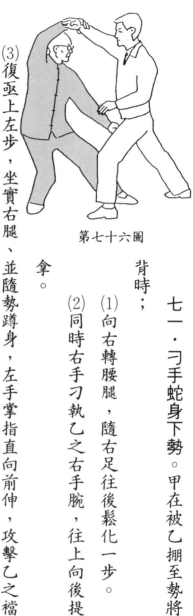

第七十七圖

第七十八圖

去。

(2)右腳在前，成面東之弓步式，如第七十七圖。

七三・左打虎。甲在被掤至勢將背時；

(1)即以右手推按乙之右肘，並將右腳後退一步，化開乙之掤勢。

(2)左手乘勢，隨腰腿脫出，提起左足，落於乙之身後，趁勢以左拳擊乙之脅部。

(3)左腳在前，成面西之弓步式，如第七十八圖。

七四・轉身撇身捶。乙在甲拳將到時；

第七十九圖

(1)即向右轉腰，同時左腳向左前方亟進一步，化去甲拳之攻勢，左手由下抄執甲之右手腕。

(2)上右步以右拳（拳心向上）由上往下劈擊甲之面部及其胸部；

(3)右腳在前，成面東之弓步式，如第七十九圖。

第八十圖

七五・倒攆猴一。甲在將被劈撇到時；

(1)即含胸拔背，退左步身隨腰腿後化，同時左手由下向上，往左採化乙之右拳。

(2)右掌隨腰腿圓轉勢，擊乙之面部，或胸部。

(3)右腳在前，成面西之坐左，右虛式，如第八十圖。

七六．上步左搧。乙於將被擊到時；

(1)右手隨腰腿圓轉勢，由上向左往下，拏開甲之右掌。

(2)同時亟上左步，以左手掌向右橫擊甲之右面部。

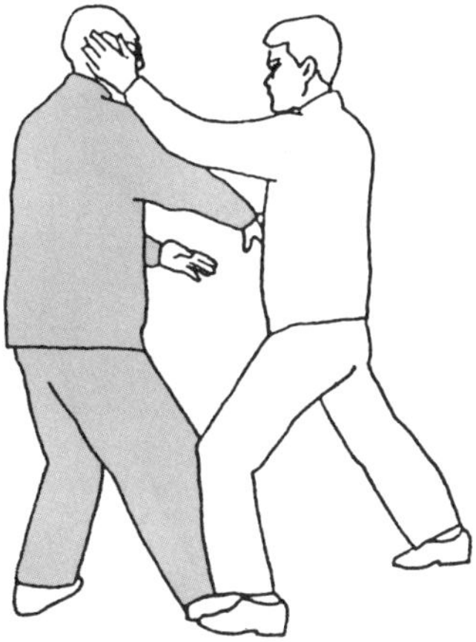

第八十一圖

(3)左腳在前，成面東之弓步式，如第八十一圖。

七七．倒攆猴二。甲於乙之左掌將擊到時；

(1)即退右步，含胸拔背，坐實右腿，右手由下向上，往右抄化乙之左掌。

(2)左手掌隨腰腿圓轉勢，進擊乙之面部，或其胸部。

(3)左腳在前，成面西之坐右，左虛式，如第八十二圖。

乙之面部或胸口。

第八十二圖

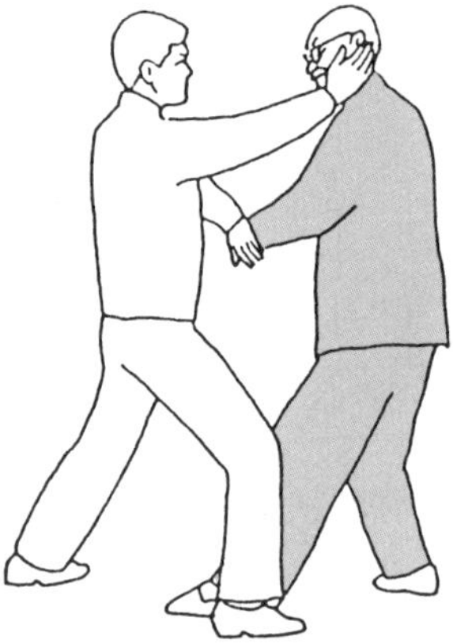

第八十三圖

七八．上步右搧。乙在將被擊到時；

(1)左手隨腰腿圓轉勢，由上向右，往下拏開甲之右掌。

(2)同時亟上右步以右掌向左橫擊甲之左面部。右腳在前成面東之弓步式，如第八十三圖。

七九．倒攆猴三。甲於將被搧到時；

(1)即退左步，含胸拔背，左手隨腰腿後化勢，由下向上，往左抄化乙之右掌。

(2)同時右手隨勢化開乙之左手，向前回撲

(3)右腳在前，成面西之坐左，右虛式，如第八十四圖。

八〇・上步七星。乙在將被撲到時；

(1)右手即上提橫格於甲之右手肱下，己之左腕上，左右兩手成為斜十字式，架住甲之右掌。

第八十四圖

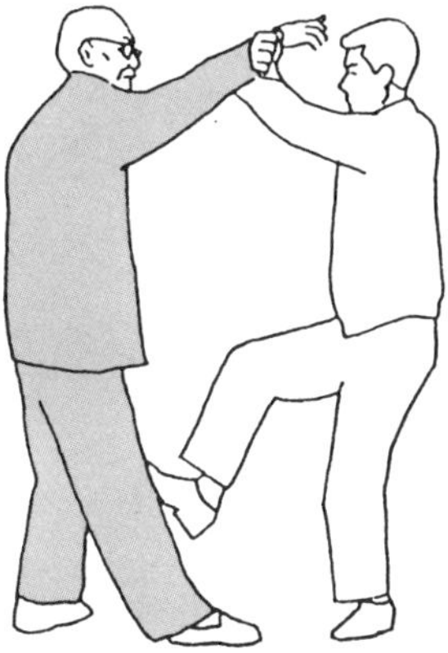

第八十五圖

(2)同時面東上左步，身向上升，提起右腿，以足跟蹬甲之下部，如第八十五圖。

八一・海底針。甲於將被蹬到時；

(1)即含胸拔背，亟轉右手，採執乙之右手腕，右腳隨腰腿後退一步，坐實右腿。

第八十六圖

第八十七圖

⑵身向下蹲，同時左手置於己之右腕背上，兩手同時隨腰腿，往下採沉。

⑶左足尖收於右腳前點地，成面西之海底針式，如第八十六圖。

八二·扇通背。乙在被採至勢將背時；

⑴右手略往後收向下，以緩甲之採勢，復向上掤起，轉手採執甲之右手腕。

⑵同時上左步，以左掌向前進擊甲之胸部或脅部。

⑶左腳在前，成面東之弓步式，如第八十七圖。

八三・手揮琵琶。甲被乙掌將在擊到時；

(1)左足跟即向左轉踏實，同時右足往右後方橫退一步，右手乘勢下採，轉握乙之右手腕反折，身隨腰腿向後右偏，化去乙之左掌攻勢。

第八十八圖

(2)左手隨勢執乙之右肘，趁身腰右偏升起時搬挒，須含有兩手同時相合之意。

(3)左腳在前。成面向西北之弓步式，如第八十八圖。

八四・彎弓射虎。乙於將被合搬時；

(1)右臂即隨腰腿，向右轉屈後化，右足並亟左橫上半步（足尖向右）。

(2)同時翻轉右手，採執甲之右手腕、向右往上提起，跟上左步，左拳趁勢

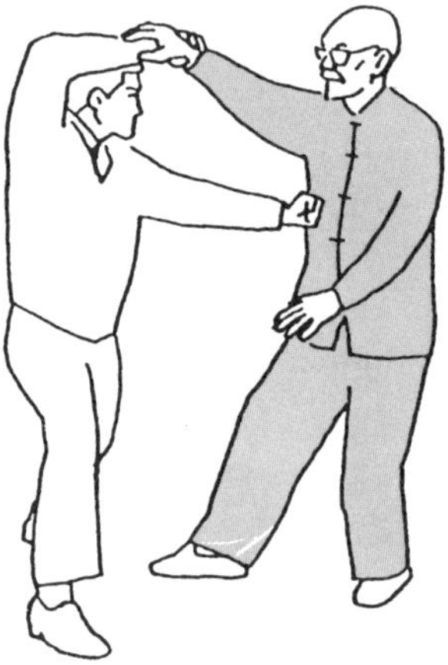

第八十九圖

第九十圖

擊甲之右脅，或其臂部，兩手同時發勁。

(3)右腳在前，成面西之弓步式，如第八十九圖。

八五．轉身右單鞭。甲在將被擊到時；

(1)身腰即隨左腳向後鬆化一步，同時左手由上往下，向左勾拏乙之右手，並上右步，以右掌直擊乙之心窩。

(2)右腳在前，成面東之弓步式，如第九十圖。

八六．肘底捶。乙將被擊到時；

(1)身隨左腳向後移動鬆化，同時左手由左向右、攔開甲之右掌攻勢，右拳

第九十二圖

第九十一圖

亟從左臂肘下，趁上右步出擊甲之右腋。

⑵右腳在前，左實右虛，成面西之上勢式，如第九十一圖。

八七・上步十字手。甲於將被擊到時；

⑴身腰隨左腿移動後化，同右手由上向下，往右搬開乙之右拳，並亟換上右腳半步（足尖向右），隨上左步，左步趁勢以手指叉乙之喉部（手心向上）。

⑵左腳在前，成面東之弓步式，如第九十二圖。

八八・抱虎歸山。乙在將被叉到時；

(1)即鬆動左步後化，含胸拔背，收住尾閭，同時左右兩手趁勢，由內向上往外，緣甲之左右兩臂，採執其兩肘，合抱至甲勢將背時，亟換右步（足尖向右）並上左步，兩手即同時以掌心向前發出。

(2)左腳在前，面西之弓步式，如第九十三圖。

第九十三圖

第九十四圖

八九・轉身退步攦。甲於將被發到時；

(1)即退左步，右手趁勢轉執乙之右手腕，向右轉身，跟退右步，同時左手亦隨腰腿之勁，採執乙之右肘，向右後攦。

(2)面向南，左腳在前之坐馬式，如第九十

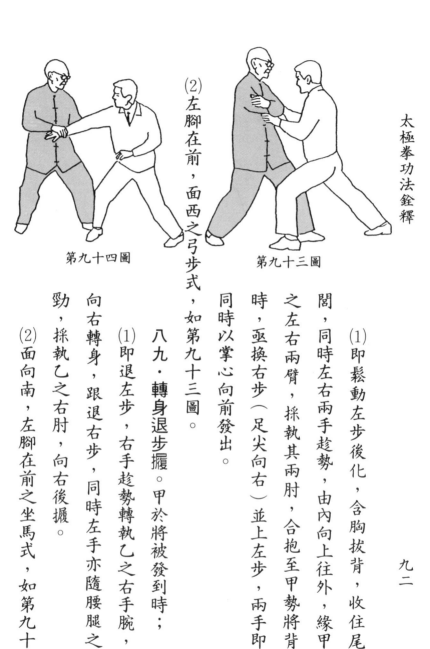

四圖。

九十・上步轉身攦。乙被攦至將背時；

(1)即趁勢上右步（足尖向右），再上左步向右轉身，同時右手轉執甲之右手腕，跟退右步，左手亦即隨執甲之右肘，向右後攦。

(2)成面南左腳在前之坐馬式，如第九十五圖。

第九十五圖

九一・上步轉身跨虎。甲被攦即隨上左右三步，趁勢向右轉身，跟退右步，同時左手由上向右往下搬開乙之右手，成跨虎勢，升起為合太極式與乙對立。（跨虎勢即七・一・一中之一〇四式）。

九二・轉身退步跨虎。乙被搬化後，即退右步，並成跨虎勢，升起為合大極式與甲對立。

叁　太極拳散手單練圖解

引言

太極拳散手之意義，已於本書七・三之簡介中有所陳述，茲不再贅。惟單雙用法既無軒輊，而單雙習練亦應並重，方免偏廢之虞。該編初祇刊列雙練圖解，而未專言單練者因避重繁瑣之嫌耳。今因同好之建議，及數年來之體驗，深覺散手單練不獨與基本拳術有異曲同工之妙，且亦便於單獨揣摩應用禦侮之技藝行動，簡單活潑，得以隨時隨地為之，更可引起研習之興趣。故乃不避重複之繁瑣，不計辭句之工拙，再予續編一節，增入本書再版；列於第三編第二節之後。依次為第三節太極拳散手單練，內分甲「即上手」乙「即下手」兩式。為便初學，並予圖解。學者按圖逐式勤加練習，庶可循序漸進矣。

（甲）上手（即甲式）圖解

第一圖

一．**上步捶**。甲由起勢（如前第一編二節之第一圖）先上左步，復上右步，同時左手前抄上揚（即採手），右手握拳由下，從胸腹轉上，繞一圓圈，虎口朝上，進擊乙之心窩，鬆腰鬆胯，成面東，右前左後之弓步式，如第一圖。

二．**上步攔捶**。甲因乙以提手上勢，進擊己之右脅時，即先鬆左步後化，同時以左手由下向右，抄於乙之右肱內部，往上向左攔開，復上右步，仍以前式之右拳進擊乙之心窩，並參閱本編二節，三項，第四圖之甲式。

三．**上步左靠**。甲以乙用搬捶，還擊己之心窩將到時；

第二圖

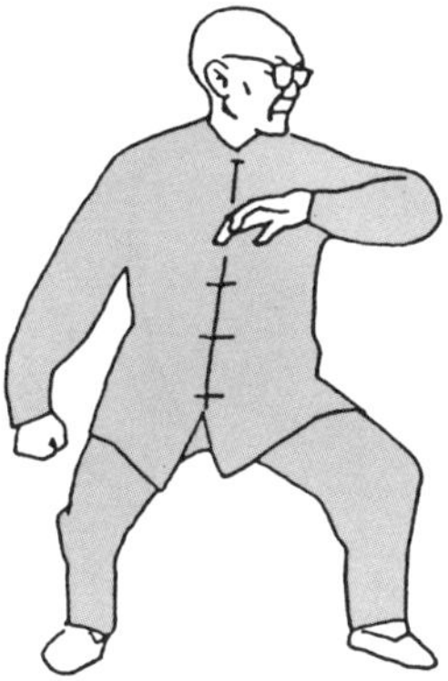

第三圖

(1)即將腰腿右轉，向後鬆化，同時右手往後抽出，右足提起，足尖向右，落於左足前方，左手由下隨勢上托乙之右肘、向上往右，使乙處於背勢。如第二圖，及本編二節，五項，第六圖之甲式。

(2)上左步置於乙之右腿後，蹲身成坐馬勢，以左肩靠擊乙之右腋穴，隨腰腿勁左轉發出，成左腳在前之弓步式。如第三圖，及本編二節，五項，第七圖之甲式。

四．打左肘。甲於乙拳將到時，即向左轉腰，左腳尖隨向左轉，跟上右步落於左腳前方，右手由下轉上，抄執（即採

第四圖

第五圖

執），乙之左手腕，同時復上左步落於乙之襠前，身即下蹲，成面西，左腳在前之弓步式；並以左肘進擊乙之心窩。如第四圖，及前二節，七項，第九圖之甲式。

五．左劈身捶。甲趁乙之推勁，收回左步與右足相並起身，翻轉左拳（拳心朝上），由上往下劈擊乙之面部、或其胸部，成兩足並齊之立勢，如第五圖半，及前二節，九項，第十一圖之甲式。

六．撤步左打虎。甲被乙以右肩將靠到己之左腋時，即鬆腰坐胯；隨撤右步，以解乙之靠勁。並以右手由下轉上，採執乙之右肘。同時提起左足，撤落於乙之右腿後方；（足尖向右），趁勢右轉，順撤右步。用左拳，（打虎勢），攻擊乙之背部，或右脅。右步在前，成西前東後之弓步式；面南視乙。如第六圖，（按此係打虎勢形成之姿勢；故與前二節，十一項，第十四圖之甲式，略有差異）。

第六圖

七．提手上勢。甲乘乙之劈擊來勢，左腳即向後撤半步，（鬆化）：同時兩手內合，左手採執乙之右肘，向右化開乙之攻勢，右足隨進落於乙之身後，右拳趁腰腿之勁，由己之左肱上出擊乙之面頸等部，右腳在前，成面南之上勢式。如第七圖，及前二節，十三項，第十六圖之甲式。

八．摺疊劈身捶。甲因乙之按勢，略往左後鬆化，左腳亦隨勢移動，至順

第七圖

第八圖

勢時，即向右轉腰，左手向右順黏乙之右臂，往左下沉拿開。上右步，同時右手握拳，趁腰腿之勁，向前劈擊乙之心窩。右腳在前，先成上勢式，後成弓步式。面南，如第八圖，及前三節，一五項，第十八圖之甲式。

九．右橫挒手。甲於乙拳將至時；即向右轉腰，左腳隨勢鬆動後化。同時左手由下往上採撥乙之右拳，並拿其右手腕。左腳隨同跟上半步，腳尖向左，右腳更亟緊跟一大步，插入乙之右腿後。右臂平橫於乙之胸部，或頸部，隨腰腿勁，左偏勢向左挒之。使其後仰跌出。右腳在前，成面向東南之弓步式。如第九圖，及前二節，十七項，第二十圖之甲式。

第九圖

一〇・下勢右打虎。甲被乙之攻勢背時。左手迅亟執拿乙之右肘，同時左足順勢向後鬆化。右手趁腰腿後退時，抽脫乙之右手，右足隨勢提起跟進一步，以右拳由腰腿下蹲勢，平擊乙之左腋部。右腳在前，成面向東南之弓步式。如第十圖，及前二節，十九項，第二十二圖之甲式。

一一・上步左靠。甲被乙攌時；即將右足向左，斜上一步，左足插入乙之襠內；同時左手臂橫於乙之身前，右手附於己之右肘內部，並用左肩以左腳在前，面東之弓步式，靠襲乙之心窩。如第十一圖，及前二節，二十一項，第二十四圖之甲式。

第十圖

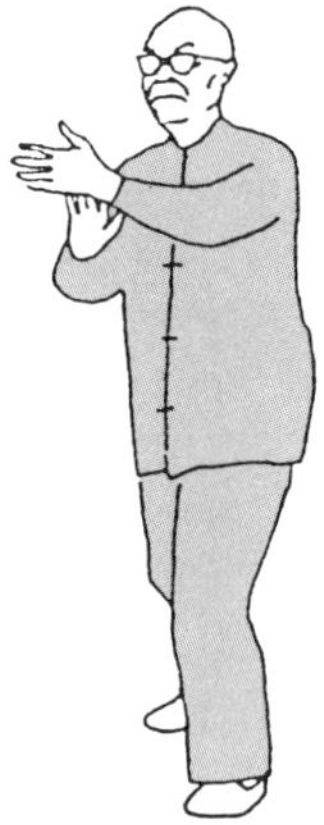

第十一圖

一二・雙分蹬腳。甲因避乙之按力，即退左步向後鬆化，左手趁勢由下抄入乙之右肱內部，右手採執乙之左手腕，兩手同時左右分開；面向東南，提起右腳隨腰腿下蹲勢，用足跟向前蹬乙之小腹部。如第十二圖，及前二節，二十三項，第二十六圖之甲式。

一三・上步右採挒。

(1)甲為鬆化乙之指襠捶，即落右足於左腳後方，用右手由下轉腕往上，向右採執乙之右手腕，左手按於乙之右肘，同時隨腰腿右轉勢，上左步，腳尖向左，往右向後下採，如第十三圖，及前二節，二十五項，

第十二圖

第十三圖

第二十八圖之甲式。

(2)再上右步，置於乙之右足後方，右手臂隨腰腿勢，提上橫於乙之胸前，向左挒去，右足在前，成面向東南之弓步式。如第十四圖，及前節二十五項，第二十九圖之甲式。

一四・左掤右劈身捶。乙以右掌按擊甲之右腋部將到時；甲即向右轉腰。以左手採執乙之右肱部上掤，同時左腳跟隨腰腿向後移動；右拳隨腰腿前進一步下蹲勢，由下轉上，往前劈擊乙之胸部；右腳在前，成面向東南之弓步式。如第十五圖，及前二節，二十七項，第三十一圖之甲式。

第十四圖

第十五圖

一五．**上步左靠**。甲被乙之左腳蹬擊將到時；即向後鬆化，右腳亦隨同轉移，右手往下將乙之左足向右摟開；同時上左步，置於乙之右腿後，左手臂橫於乙之身前，右手附於己之左肘內部，以左肩靠襲乙之心窩；左腳在前，成面東之弓步式。如第十六圖，及前二節，二十九項，第三十三圖之甲式。

一六．**轉身按攦勢**。甲被乙攦，勢將背時；即將腰向前略伸，亟撤左步，上右步，左手由下向前往上，翻執乙之左手肱腕部，腰腿向左，隨左臂轉為順勢時，右手即隨按乙之左肘，與左手配合下沉按攦；成右

第十六圖

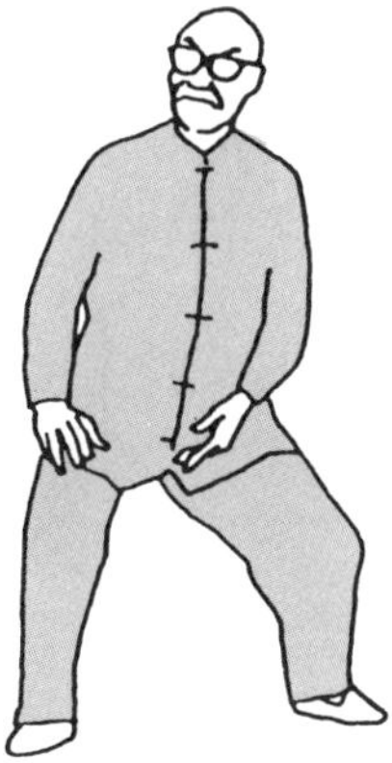

第十七圖

腳在東左腳在西之坐馬勢；頭面右轉視乙。如第十七，及前二節，三十一項，第三十五之甲式。

一七・進步雙按。乙以雙拳攻擊甲之兩耳將到時；甲即翻轉兩手隨同腰腿由上向下，往後按化；同時撤左步，跟上右步，以雙手（用發勁），按擊乙之胸口；右腳在前，成面向東北之弓步式。如第十八圖，及前二節，三三項，第三十七圖之甲式。

一八・單推右臂。甲被乙之下勢搬捶，襲擊將到時；即將身臂腰腿向後鬆化，左手隨轉沾拿，右手趁勢由下轉上，往右

第十八圖

採執乙之右手腕；同時右足向左前方，斜進一步，腳尖在右，左足跟上一步，落於乙之右足後方，左手亟推乙之右臂或右肩，使其成為背勢；左腳在前，成面向東南之弓步式。如第十九圖，及前二節，三五項，第三十九圖之甲式。

一九・順勢按。甲於右臂將被乙之搓捩時；左手仍按乙之右肩，右臂趁腰腿後退左步時抽出；並即順上右步，以雙手按其肩臂，使乙轉為背勢；右腳在前，成面南之弓步式。如前第十九圖，及前二節，三七項，第四十一圖之甲式。

二十・化推。甲被乙之右掌搧擊將到時；迅即鬆腰鬆胯，蹲身往下左轉化

第十九圖

開；同時兩手隨腰腿向下左轉翻上，往前按推乙之右臂部；右腳在前，仍成面南之弓步式。如第二十圖，及前二節，三九項，四十三圖之甲式。

二一・進步採挒。乙以右肘襲擊甲之心窩將到時；甲即含胸鬆化，左手趁勢向右推開乙之右臂；同時左腳與左手配合向前移動，腳尖向左，右足跟進，置於乙之右足後方；右手隨腰腿左轉勢，橫挒乙之頸部；右腳在前，成面東之弓步式。如前第十四圖，及前第二節，四一項，四十五圖之甲式。

二二・右打虎。甲被乙之搬右臂將到時；即以左手隨腰腿右轉後退一步勢，由已之右臂上採執乙之右肘向前推按。同時抽回右手趁右足提起落於乙之

第二十圖

第二十一圖

身後，握拳翻腕隨腰腿之勁，由上下轉襲擊乙之背部或脅部。右腳在前，成面東之弓步式。如第二十一圖，及前二節，四三項，四十七圖之甲式。

二三・上步左擠。甲因乙之轉身撤步攦勁，將到時。即趁勢跟上右步，再上左步插入乙之襠內；以左臂橫於乙之身前，右手置於己之左臂內部、亟用左肩隨腰腿下蹲勢，靠乙之心窩；左腳在前，成面向西北之弓步式。如第二十二圖，及前二節，四五項，四十九圖之甲式。

第二十二圖

二四．換步雙分右靠。甲被乙之回擠將背時；右手隨腰腿左轉鬆化勢，由下抄執乙之左手腕；左手隨右手分開，便即採執乙之右肘內部，同時換左步，（足尖向左），迅上右步，插入乙之襠內，並趁勢用右肩靠擊乙之心窩；右腳在前，成面西之弓步式。如第二十三圖，及前二節，四七項，五十一圖之甲式。

二五．打右肘。甲被乙以左靠將到時；即退左步，往後鬆化，左手趁勢採執乙之左肘，同時屈右臂隨腰腿提起上右步，以右肘擊乙之左腋，或背部；右腳在前，成面西之弓步式。如第二十四圖，及前二節，四九項，第五十三圖之甲式。

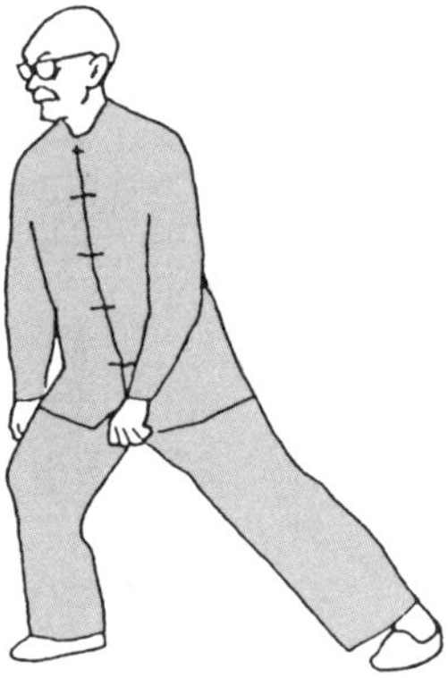

第二十三圖

第二十四圖

二六・退步化。乙以膝蓋攻甲，腹部將到時；甲用兩手同時往內翻下，即執乙之兩手腕，隨右足後退勢，往下採化；左足在前，坐實右腿，成面西之下勢式。如第二十五圖，及前二節，第五一項，五十五圖之甲式。

二七・後退轉身上步靠。甲被乙之左足蹬擊將到時；

(1)翻轉雙手向下採執乙之左右兩腕，亟退左步，向下沉擴，化開乙之攻勢。如第二十六圖，及前二節，第五三項，五十七圖之甲式。

(2)換右步，腳尖向右，上左步，向右轉身，雙手（採拿），沾按乙之右肘，同時以左肩靠乙之右腋；左腳在前，成面西之弓步式。如第二十七圖，及前二節，五三項，五十八圖之甲式。

第二十五圖

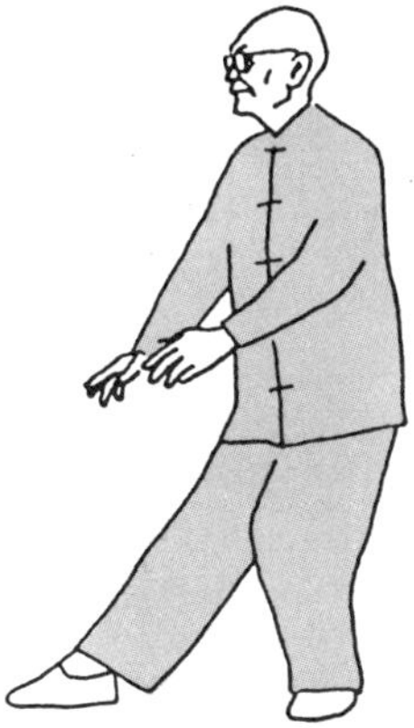

第二十六圖

二八．轉身換步右分腳。甲之左肘被乙搬時；即趁勢左轉腰腿，換左步（腳尖向左），隨往後化，同時右手趁勢由己之左臂下，往左翻上轉右，採執乙之右手腕；身即上升，面西以右足蹬乙之右腋部，再將左手向後張開，以稱其勢。如第二十八圖，及前二節，五五項，六十圖之甲式。

二九．轉身換步左分腳。甲以右足被乙右摟將背時；即將右足後撤，脫落

第二十七圖

第二十八圖

於合度之右方，腳尖在右，左手隨腰腿右轉勢，向右由己之右臂下，採執乙之左手腕，趁勢面西以左足蹬乙之左腋部，右手向後張開以稱其勢。如第二十九圖，及前二節，第五七項，六十二圖之甲式。

三十・換手右靠。甲因左足被乙左摟將背時；即落左腳於合度之左方腳尖在左，同時右手隨腰腿左轉勢，向上抄執乙之右手腕，由右往下轉上，繞一圓圈，右足趁勢向前踏出一步，以右肩靠擊乙之右胸部；右腳在前，成面西之弓步式。如第三十圖，及前二節，五九項，六十四圖之甲式。

第二十九圖

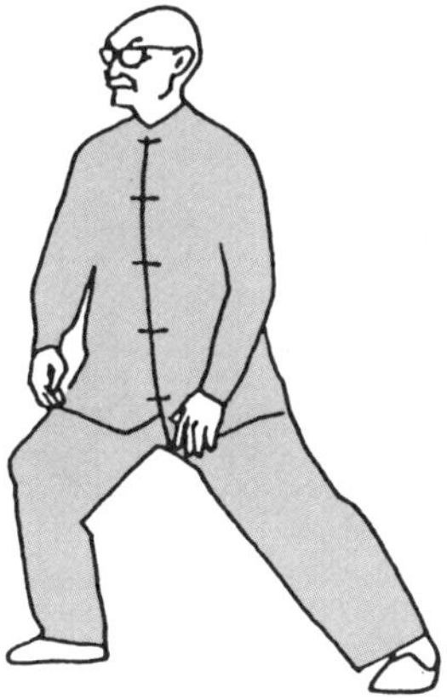
第三十圖

三一．上步左攬雀尾。甲於被乙回靠將到時；即以右手隨腰腿向後鬆動左轉，由上往後繞圈化開乙之攻勢，並採執乙之右手腕；同時撤換右步，足尖向右，上左步置於乙之右腿後，亟以己之左手臂由乙之右腋下伸至乙之胸前，隨勢向左往前掤去；左腳在前，成面向西北之弓步式。如第三十一圖，及前二節，六一項，六十六圖之甲式。

三二．上步右攬雀尾。甲被乙之左按將到時；即趁勢退右步向後鬆化；右轉，隨換左步，腳尖在左，再由右向左轉腰；同時左手由己之右手臂下，抄執乙之左手

第三十一圖

第三十二圖

腕，跟上右步，亟以右手臂由乙之左腋下，伸至乙之胸前，隨勢向右往前掤去，右腳在前，成面向西南之弓步式。如第三十二圖，及前二節，六三項，六十八圖之甲式。

三三．右開左掤右劈身捶。甲被乙之右按將到時；即趁勢向左亟轉腰腿，而左足亦即順勢移動，向後圓化；同時兩手左右分開，左手執拿乙之右手腕，右臂灣為圓形，隨勢化開乙之左手，即向前劈擊乙之心窩；右腳在前，成面南之弓步式。如第三十三圖，及前二節，六五項，第七十圖之甲式。

第三十三圖

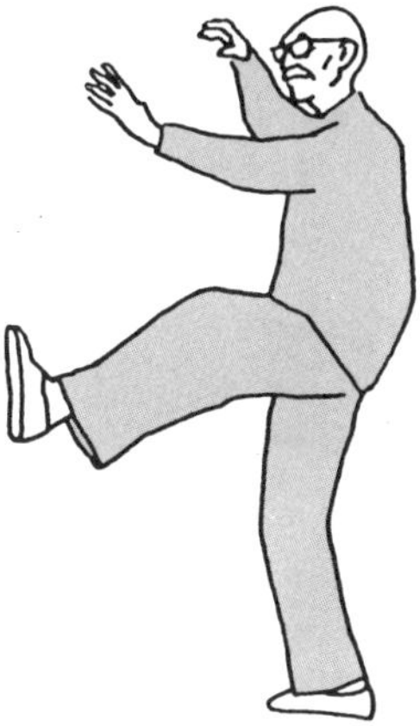
第三十四圖

三四・上步高探馬左蹬腳。甲被乙拳擊胸將到時；即鬆左步向右轉身，隨換右步，足尖向右，含胸拔背，右手趁勢採執乙之右手腕，左手掌向前撲擊乙之面部，同時面轉西南以左足直蹬乙之右膝。如第三十四圖，及前二節，六七項，七十二圖之甲式。

三五・轉身擺蓮。甲為避開乙之上下猛烈攻勢時；遂即丟開乙之右手，左腳亦即隨化落於左前方，亟向右轉身；復以右手採執乙之右手腕，或右肘，左手趁勢輔助，並即提起右足向右擺擊乙之右腋部，面亦隨轉向西，如第三十五圖，及前二節，六九項，七十四圖之甲式。

第三十五圖

三六．刁手蛇身下勢。甲被乙之左掤勢將背時；即向右轉身，隨右足往後鬆化一步，同時右手刁執乙之右手腕，往上向後提拿，復亟上左步，坐實右腿，並隨勢蹲身，左手掌指，直向前伸，攻擊乙之襠部；左腳在前，坐實右腿，成面西之下勢式。如第三十六圖。及前二節，七一項，七十六圖之甲式。

三七．左打虎。甲被乙之掤擊將背時；即以右手指按乙之右肘，並將右腳退後一步，化開乙之掤勢；左手乘勢，隨腰腿脫出，提起左足落於乙之身後，趁勢以左拳由下往後轉上，向前襲擊乙之右腋；左腳在前，成面西之弓步式，如第三十七圖，及前二節，七三項，七十七圖之甲式。

第三十六圖

第三十七圖

三八．倒攆猴一。甲被乙之右拳將撤到時；即含胸拔背，退左步身隨腰腿後化；同時左手由下向上，往左採化乙之右拳；右掌隨腰腿圓轉勢，擊乙之面或胸部；右腳在前，成面西之坐實左腿，右虛式。如第三十八圖，及前二節，七五項，八十圖之甲式。

三九．倒攆猴二。甲於乙之右掌將擊到時；即退右步，含胸拔背，坐實右腿，右手由下向上，往右抄化乙之左掌；左手掌隨腰腿圓轉勢，進擊乙之面或胸部；左腳在前，成面西之坐實右腿，左虛式。如第三十九圖。及前二節，七七項，八十二圖之甲式。

第三十八圖

第三十九圖

四十・倒攆猴三。甲被乙之右搧將到時；即退左步，含胸拔背，左手隨腰腿後化勢，由下向上，往左抄化乙之右掌；同時右手隨勢化開乙之左手，向前回撲乙之面部或胸口，右腳在前，成面西如前之坐左，右虛式，如前第三八圖，及前二節，七九項，八十四圖之甲式。

四一・海底針。甲被乙之右足蹬擊，將到時；即含胸拔背，亟轉右手，採執乙之右手腕，右腳隨腰腿後退一步，坐實右腿，身向下蹲；同時左手置於己之右腕背上，兩手同時隨腰腿勁，往下採沉；左足尖收於右腳前點地，成面西之海底針式，如第四十圖，及前二節，八一項，八十六圖之甲式。

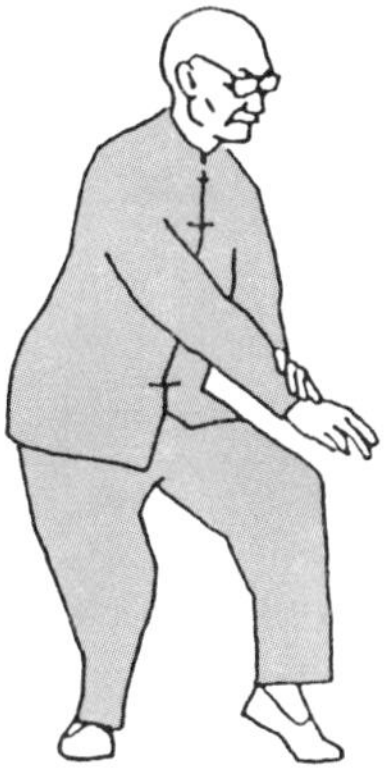

第四十圖

四二·手揮琵琶。甲被乙之左掌擊己右腋，將到時；即將左足跟，左轉踏實，同時右足往右後方橫退一步，右手趁勢下採，轉握乙之右手腕反折，身隨腰腿向後右偏，化去乙之左掌攻勢；左手隨勢採執乙之右肘，趁身腰右偏升起時撇捩；須含有兩手，同時相合之意；左腳在前，成面北之弓步式。如第四十一圖，及前二節，八三項，八十八圖之甲式。

四三·轉身右單鞭。甲被乙之左拳，將擊到己之胸腋時；即將身腰隨同左腳向後鬆化一步，同時左手由上往下，向左勾拿乙之左手，並上右步，以右掌直擊乙之心窩；右腳在前，成面西之弓步式。如第四十二圖，及前二節，八五

第四十一圖

第四十二圖

項，九十圖之甲式。

四四．上步十字手。甲被乙之肘底拳擊將到時；身腰即隨左腿向後鬆化一步，同時右手由上向下，往右搬開乙之右拳，並亟換上右腳半步，足尖向右，隨上左步，左手趁勢以手指點乙之喉部，手心向上，左腳在前，成面東之弓步式。如第四十三圖，及前二節第八七項九十二圖之甲式。

四五．轉身退步攦。甲被乙之雙手合抱發出，將到未到時；即退左步向後鬆化，右手趁勢轉執乙之右手腕，向右轉身，跟退右步，同時左手亦隨腰腿之勁，採執乙之

第四十三圖

第四十四圖

右肘，向右後攌；成面南，左腳在東，右腳在西之坐馬勢。如第四十四圖，及前二節，第八九項，九十四圖之甲式。

四六・上步轉身跨虎。甲被乙之轉身攌勢將背時；即運用腰腿隨勢下轉，跟進右步（足尖在右），復上左步（足尖仍右），向右轉身，再將右腳橫上半步，同時左手由上向右往下搬開乙之左右兩手，先退左步，後退右步，趁勢右轉，成面南之跨虎勢。如第四五圖，及第一編，二節，之八十圖，升起退左步，再退右步，同時兩手分向下按，兩足分開與肩同寬，成面東之合太極式與乙對立，圖如太極拳之起勢。

第四十五圖

（乙）下手（乙式）圖解

第一圖

一．提手上勢。

乙由起勢，被甲之右拳進擊將到時；

(1)左腳向左移半步，復將右腳跟隨半步，置於左足之前，足尖翹起，足跟著地，同時左右兩手隨腰腿旋轉勢，向左抄於甲之右肱外部，左手為主，右手為輔，往上提起化開「即攔開」，使甲勁落空。如第一圖，及前二節，二項，二圖之乙式。

(2)右手握拳隨腰腿勁上步勢，擊甲之右脅；仍成面西右前左後之弓步式。如第二圖，及前二節，二項，三圖之乙式。

二．搬捶。乙被甲擊心窩將到時，即將腰腿隨同左腳向後鬆化，同時左手

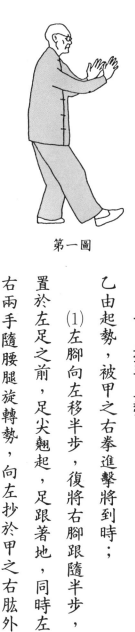

第二圖

第三圖

由左向上轉下往左，搬開甲之右拳，右手往內下沉，轉握為拳，隨上右步，以腰腿勁，向前還擊甲之心窩，成面西，右腳在前之弓步式。如第三圖，及前二節，四項，五圖之乙式。

三．右打虎。乙被甲之左靠將到時，即向左後方鬆化，左腳隨撤一步；同時左手由下轉上，採執甲之左臂向左下沉，隨時提起右腳落於己之右前方，即甲之左腿後，腳尖向左，並即換退左步，以右拳擊甲之背，或脅部。成左腳在北，右腳在南，左前右後面向東視之弓步式。如第四圖，及前二節，六項，八圖之乙式。

第四圖

第五圖

四・右推。乙被甲之左肘攻擊將到時；即隨勢右轉鬆化，並以右手採握甲之右肘，趁腰腿勁向前推發，使甲成為背勢；方向步法不變。如第五圖，並參考前二節，八項，十圖之乙式。

五・換步右靠。乙被甲之左捶劈擊將到時；

(1)身腰即向左偏，迅用右手掌心向上黏托，化開甲之劈捶；左腳隨上半步，腳尖向左，落於甲之左足前方；如第六圖，並參閱前二節，十項，十二圖之乙式。

第六圖

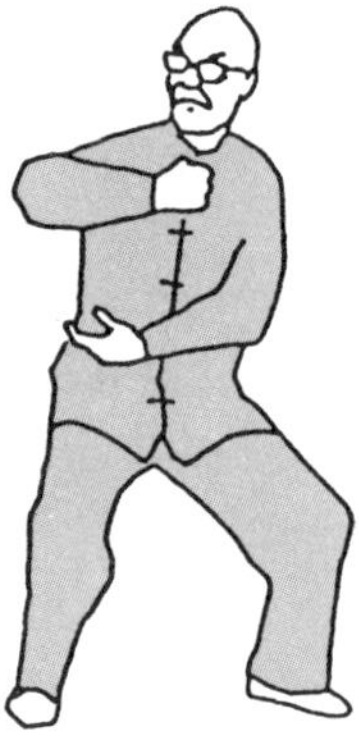
第七圖

(2)右腳落於甲之身後，蹲身成坐馬勢；同時右手執托甲之右肘，並用腰腿勁，以右肩靠擊甲之左腋；成右腳在前面東之弓步式。如第七圖，及前二節，十項，十三圖之乙式。

六．右劈身捶。乙被甲拳攻擊將到時；即將右足趁鬆化轉腰勢，足尖隨轉向右，同時左手由下，抄執甲之右手腕，向左下沉，跟上左步落於正南方（腳尖向右），以右拳（拳心向上），由上往下劈擊甲之面及胸部；成面北，右腳在前之弓步式。如第九圖，並參考前二節，十二項，十五圖之乙式。

第八圖

第九圖

七・轉身按。乙被甲拳攻擊上部將到時；迅即向後鬆化，右手隨腰腿右轉，趁勢往右採執甲之右肘，同時轉換右腳尖向右，左手隨按甲之右臂及肩，左腳亦亟跟隨左移半步，足尖向右；成面向東北右前之弓步式。如第九圖，並參閱前二節，十四項，十七圖之乙式。

八・開勢搬捶。乙被甲拳劈擊心窩將到時，即向左轉腰。隨勢鬆換左步，以化甲之右拳；同時左手往下向左，搬開甲之右臂；遂以右拳趁身體下蹲進步勢，還擊甲之心窩；成面向東北，右腳在前之弓步式。如第十圖，及前二節，十六項，十九圖之乙式。

第十圖

第十一圖

九．換步左野馬分鬃。乙被甲挒將背時，即將右手抽出甲之左手，同時亟退左步，復撤換右步，腳尖向右，化開甲之挒勢，並以己之右手肱部掤起甲之右臂，向右轉身，乘勢執拿甲之右手腕；左足踏前一步置於甲之身後，即將己之左臂由甲之右腋下穿進，往上向左掤去；成面向西北，左腳在前之弓步式。如第十一圖，並參考前二節，十八項，二十一圖之乙式。

一〇．轉身撤步攦。乙於甲拳將到時；由前勢即向左轉身，撤右步換左步，同時左手採執甲之左手腕，上右步以腰腿

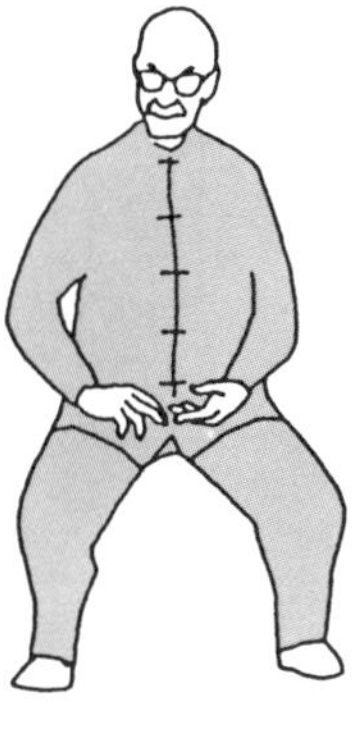

第十二圖

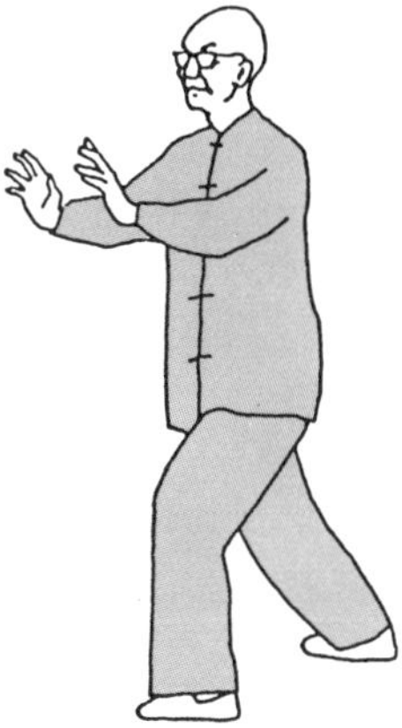

第十三圖

勁，用己之右肱，攦甲之左臂；成面西之坐馬勢；如第十二圖，及前二節二十項第二十三圖之乙式。

一一．**向右轉身按**。乙被甲左靠將到時，自前式即將右足向左足後橫退半步，足尖向右，同時向右轉腰，提起左足插入甲之襠內；右手按甲之右腕，左手按甲之右肘，雙手同時向前按去。成面西，左腳在前之弓步式。如第十三圖，及前二節，二十二項，第二十五圖之乙式。

一二．**指襠捶**。甲以右腳蹬擊乙之小腹將到時；乙由前勢即撤左足，同時

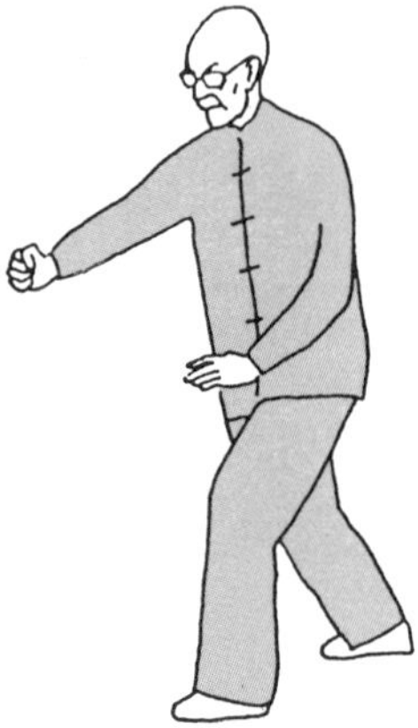
第十四圖

第十五圖

左手由上向上摟開甲之右腳，右手趁腰腿後化勢，脫出甲之左手，向後繞圈，復成為拳，隨右足向前一步，往下襲擊甲之襠部；成面向西北，右腳在前之弓步式。如第十四圖，及前二節，二四項，二七圖之乙式。

一三・換步右穿梭。乙因甲捌，將到背勢時；即將右手肱，隨順腰腿後轉勢，上掤甲之右手臂；右足跟向後方撤換一步，足尖向右，往右轉身，迅上左步，左手肱向上掤甲之右手臂，同時右手掌按擊甲之右腋部；成面向西北，左腳在前之弓步式。如第十五圖，及前二節，二六項，三十圖之乙式。

第十六圖

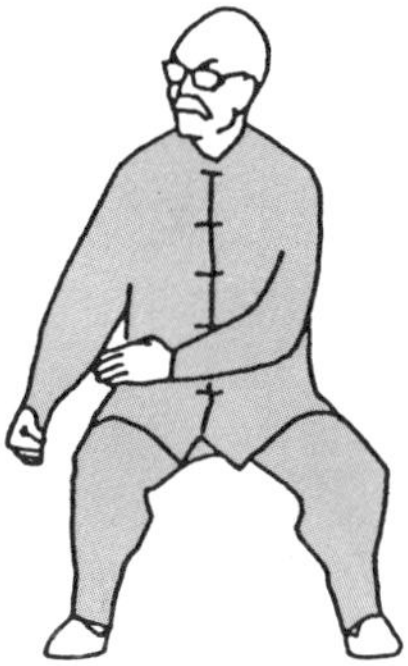

第十七圖

一四・白鶴掠翅左蹬腳。乙被甲之右拳劈擊將到時，即將右手向上採甲之左手腕，左手朝下拿甲之右手臂，先隨右步向後鬆化，迅亟復隨左步前進，同時執拿甲之左右兩腕，跟上右步，提起左腳向前用足跟，蹬甲之腹部。如第十六圖，及前二節，二八項，三二圖之乙式。

一五・撤步擨左臂。乙被甲左靠將到時，即以左手由下往右向上，採執甲之左手腕，左足向後斜撤一步，右手肱隨腰腿下蹲勢，擨甲之左臂；成右腳在西，左腳在東，之坐馬勢。如第十七圖，及前二節，三十項，三十四圖之乙式。

一六・**雙風貫耳**。乙被甲之按攦將背時，即順勢下沉，隨同左步往後鬆化，右手由下抄入甲之左手肱內，左手亦即隨同轉入甲之右手內部，往後坐腰。同時兩手左右分開甲之雙手。趁勢握緊兩拳。上右步向前往上，以兩拳

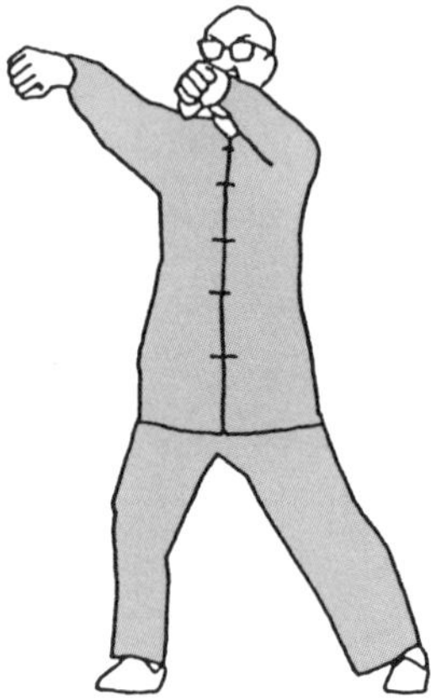

第十八圖

虎口，同擊甲之兩太陽穴，或兩耳。成面向西南，右腳在前之弓步式。如第十八圖，及前二節，三二項，三十六圖之乙式。

一七・**下勢搬捶**。乙將被甲進步雙按時，身即往後鬆化；同時左手由下向上往左，搬採甲之右手腕，並執其肱部；右拳隨身下蹲勢，向前擊甲之心窩或右脅，成面向西南，右腳在西，左腳在東之坐馬勢，如第十九圖，及前第二

第十九圖

第二十圖

節，三十四項，三十八圖之乙式。

一八．右搓臂。乙之右臂被甲推擊時；左腳隨右腳尖右轉，向右邁進一步，落於右腳左前方，化開甲之推勢；右腳亦亟隨進一步，置於甲之襠內，並將右臂抽出，由下抄於甲之右臂外部，左手採貼於甲之右手腕肱內部；右臂隨腰腿往後下蹲勢向裡挒搓，同時左手腕亦隨腰腿勁向外挒搓之；成面北，右腳在前之弓步式。如第二十圖，及前二節，三十六項，四十圖之乙式。

一九．化打右掌。乙被甲按將到時；即隨腰腿向左後方鬆化半步，右手掌

第二十一圖

第二十二圖

即由下轉上向右隔開甲之左手，並趁勢隨腰腿勁，向左擊甲之左臉部；左手採執甲之右肘，以防其還手動作。成面北，右腳在前之弓步式；如第二十一圖，及前二節，三八項，四十二圖之乙式。

二〇·化打右肘。乙因右臂被甲按推時；右臂即隨腰腿順勢，往左後鬆化，至甲之胸前時，趁機屈曲右肘襲擊甲之心窩；同時左手採執甲之右手腕，以助右肘之得勢；成面北，右腳在前之弓步式；如第二十二圖，及前二節，四十項，四十四圖之乙式。

二一．換步撅右臂。乙被甲捌將背時；右手隨左腿向後鬆化半步時，由下向上，採掤甲之右臂，往右下沉，並執其手腕；同時撤右步向右轉身；左肱由上隨腰腿上蹲勢，撅甲之右肘；左腳在前，成東西線之坐馬勢。面西視甲，如第二十三圖，及前二節，四二項，四十六圖之乙式。

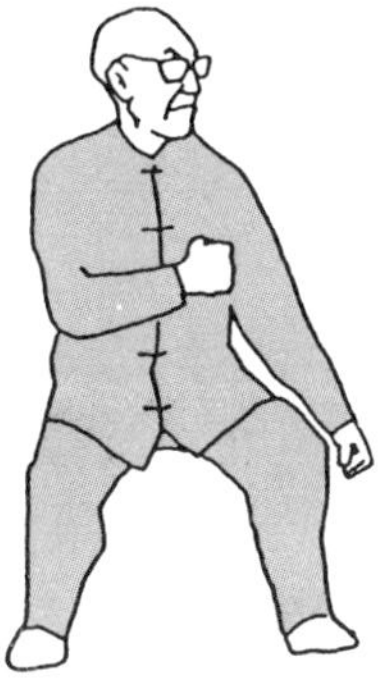

第二十三圖

第二十四圖

二二．轉身撤步攌。乙被甲擊背脊，將到時；即將左臂隨腰腿向後鬆化，並轉換左步，（腳尖向左），左手即趁勢轉執甲之右手腕，同時上右步，（腳尖在左），向左轉身，以己之右肱近腕處，沾住甲之右肘，兩手同時隨腰

腿勁，向左攦甲之左臂；成面向西南，兩腳在西南東北線之坐馬勢。如第二四

第二十五圖

第二十六圖

圖，及前二節，四四項，四八圖之乙式。

二三·回擠。乙被甲之左擠將到時；即將腰腿向左，隨同左腳往後，鬆化一步，（足尖在右），跟上右步（足尖在左），同時右肱順橫於甲之左前方，左手掌置於己之右肱內，隨同右步向前，回擠甲之右臂；成面向東南之弓步式。如第二十五圖，及前二節，四六項，五十圖之乙式。

二四·換步轉身左靠。乙將被甲右靠時；即往後化，撤換右步，腳尖向右，同時抽出右

手，採執甲之右手腕，往右下按，隨上左步，以左臂橫黏甲之右臂，用左肩進靠甲之右腋；成面東，左腳在前之弓步式。如第二十六圖，及前二節，四八項，五二圖之乙式。

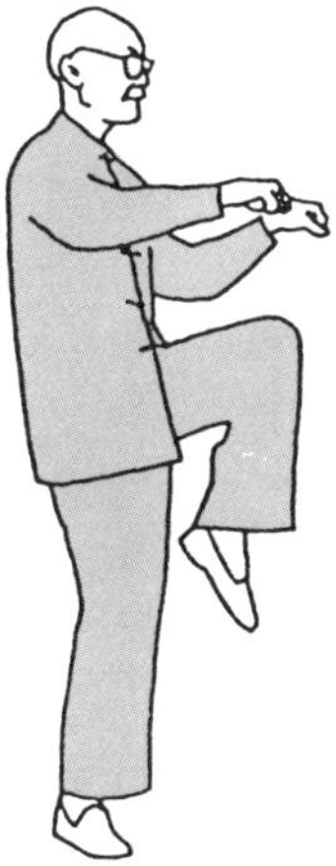

第二十七圖

二五．**轉身金雞獨立**。乙因甲以右肘攻擊將到時；即向左後轉身鬆化，右足踏前半步坐實；同時右手採執甲之左手腕，左手亦執甲之右手腕，趁勢兩手同時分開後，即身向上升，以左膝蓋攻擊甲之襠部，成面東之金雞獨立式。如第二十七圖，及前二節，五十項，五十四圖之乙式。

二六．**雙分上步左蹬腳**。乙被甲採執，向右後退化將背時；即將兩手內合轉上，向前翻腕往正採執甲之兩手腕；同時上右步，以左足提起，蹬甲之腹

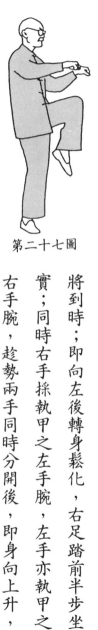

部。成面東，如第二十八圖，及前二節，五十二項，五十六圖之乙式。

二七．**退步撅左臂**。乙被甲上步左靠時；即退左步，隨腰腿勁向左往後轉化，同時左手由下往右轉上，向左採執甲之左手腕，以右肱

第二十八圖

隨腰腿左轉勢，向撅下甲之左肘；右腳在前，成東西線之坐馬式；頭面右轉視甲，如前第十七圖，及前二節，五四項五十九圖之乙式。

二八．**雙分右摟膝**。乙因甲用右蹬腳，將到時，即將左手隨腰腿右轉鬆化左步時；由己之右臂下往右抄執甲之右手腕，向上採拿；右手往下跟同右腳前進一步，（腳尖在左），向右摟開甲之右足；成面東右前左後之弓步式。如第二十九圖，及前二節，五十六項，六十一圖之乙式。

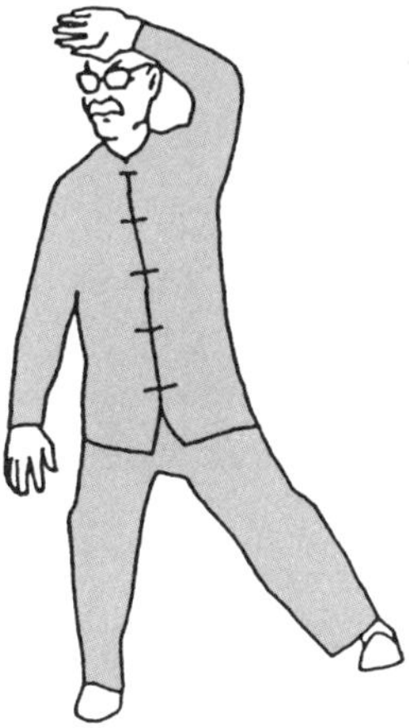
第二十九圖

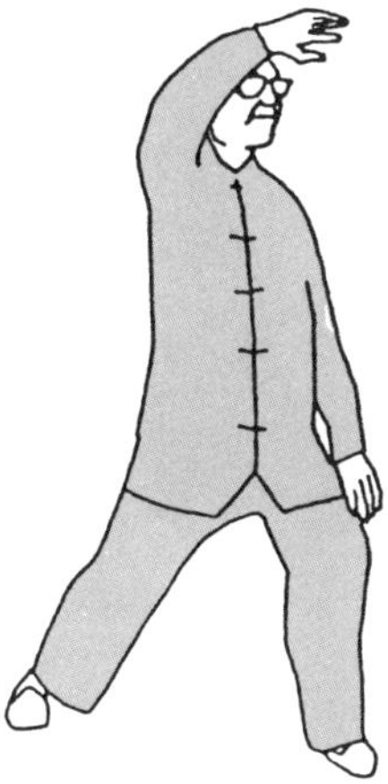
第三十圖

二九·雙分左摟膝。乙因甲復又轉用左蹬腳；即鬆左步後化，迅將右手隨腰腿，由下翻轉上，採拿甲之左手腕，跟換右步，（足尖向右），同時左手隨同左腳前進一步，向下往左摟開甲之左足；方向如前，成左腳在前之弓步式。如第三十圖，及前二節，五十八項，六十三圖之乙式。

三〇·回右靠。乙將被甲右靠時；身即隨同左步向後鬆化，右手趁勢由下轉腕，採執甲之右手腕，向左往上繞轉向右下沉，同時上右步，（足尖在左），以右肩回靠甲之右腋，成面東，右腳在前之弓步式；如第

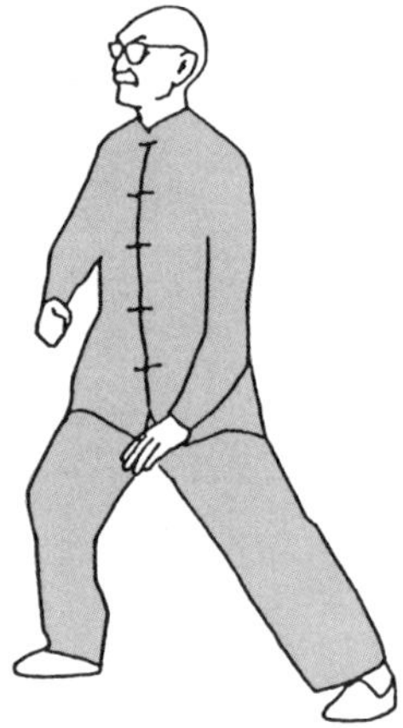

第三十一圖

第三十二圖

三十一圖，及前二節，六十項，六十五圖之乙式。

三一・右雲手。乙被甲左掤將背時；即趁勢退左步，向右轉腰鬆化，隨換右步，落於左前方，（腳尖向右），同時右手沾住甲之右手臂，向右往後採提，跟上左步，翻轉右手，執拿甲之右手腕，並以左手掌，按擊甲之右肩；成面向東南，左腳在前之弓步式。如第三十二圖，並參考前二節，六十二項，六十七圖之乙式。

三二・左雲手。乙復被甲右掤將背時；即趁勢退右步，向左轉腰鬆化，隨換左步，落於右前方，（腳尖向左），同時左手沾住，甲之左手臂，向左往後採提，跟上右步，翻轉左手，執拿甲之左手腕，並以右手掌，按擊甲之左肩，成面向東北，右腳在前之弓步式，如第三十三圖，並參考前二節，六十四項，六十九圖之乙式。

第三十三圖

第三十四圖

三三・側身撇身捶。乙被甲之右劈捶將到時；即鬆左步，換上右步，（腳尖向右），落於甲之左側，右手隨腰腿向左側；由下轉上往右翻手，向下採執甲之右手腕，跟上左步，同時左手趁勢按於甲之右肘，右手握拳，由上向前往下，撇擊甲之胸部；成面北，左腳在前之弓步式。如第三十四圖，及前二節，六六項，七十一圖之乙式。

第三十五圖

三四．白鶴掠翅右套腿。乙將被甲上下擊到時；即鬆左步，左手趁勢由下往內抄執甲之右腕；同時右手由內往外向後分化甲之左手掌，並即向前搧擊其面部；復以右腿套化甲之左腳，並還蹬之；成面向東南，如第三十五圖，及前二節，六八項，七三圖之乙式。

三五．左斜飛式。乙被甲之右擺蓮，將擊到時；即向右轉身隨上左步，化開甲之右腿；右手趁勢採執甲之右手腕，左劈抄入甲之右腋下，橫伸於甲之胸前，向左掤去；成面向東南，左腳在前之弓步式。如第三十六圖，及前二節，

第三十六圖

第三十七圖

七十項，七五圖之乙式。

三六・**右斜飛式**。乙將被甲下勢攻擊時，即鬆撤右步，左手由下向上抄執甲之左手腕，同時斜上左步，落於右前方，（腳尖向左），趁勢復上右步落於左前方，右手臂抄入甲之左腋下，橫伸於甲之胸前，向右往上掤去；成面向東北，右腳在前之弓步式。如第三十七圖，及前二節，七十二項，七十七圖之乙式。

三七・**轉身撇身捶**。乙於甲之左拳，襲擊將到時，即向右轉腰，同時左腳向左前方亟進一步（足尖向右），化去甲拳之攻勢，左手由下向上抄執甲之右手腕，跟上右

第三十八圖

第三十九圖

步，以右拳由上向下劈擊甲之面及胸部，成面東，右腳在前之弓步式。如第三十八圖，及前二節，七十四項，七十九圖之乙式。

三八．上步左搧。乙將被甲右掌擊到時，即將右手隨腰腿圓轉勢，由上向左往下，拿開甲之右掌；同時亟上左步，以左手掌向右橫擊甲之右面部。成面東，左腳在前之弓步式。如第三九圖，及前二節，七十六項，八十一圖之乙式。

三九．上步右搧。乙將被甲左掌擊到時；即將左手隨腰腿圓轉勢，由上向右往下，拿開甲之左掌，同時亟上右步，以右

第四十圖

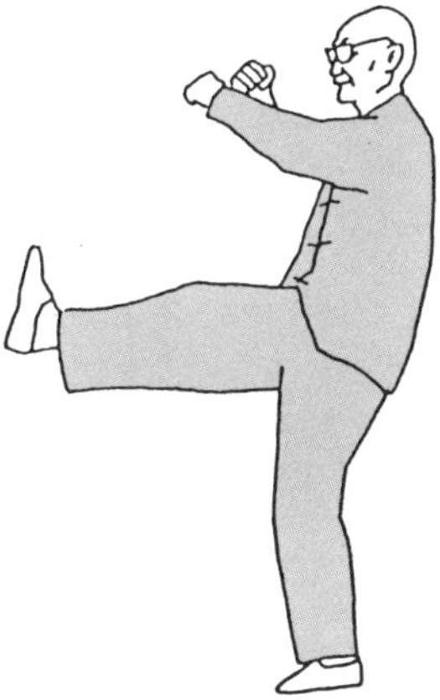
第四十一圖

手掌向左橫擊甲之左面部。成面東，右腳在前之弓步式。如第四十圖，及前二節，七十八項，八十三圖之乙式。

四〇．上步七星。乙將被甲之右掌撲到時；即將右手由下上提，橫格於甲之右手肱下，己之左手腕上，左右兩手成為斜十字式架住甲之右掌；同時上左步，身向上升提起右腿，以足跟蹬甲之下部；如第四十一圖，及前第二節，八十項，八十五圖之乙式。

四一．扇通背。乙被甲之下採，勢將背時，即將右手，隨腰腿後收，向上掤起，亟由下往上向右轉手，採執甲之右手

第四十二圖

第四十三圖

腕；同時上左步，以左手掌向前進擊，甲之右脅，或其胸部。成面東，左腳在前之弓步式。如第四十二圖，及前二節，八十二項，八十七圖之乙式。

四二．彎弓射虎。乙被甲之雙手合搬將背時；即將右臂隨腰腿向右後，屈曲轉化，右足並亟向左橫上半步（足尖向右），同時翻轉右手，採執甲之右手腕，向右往上提起，跟上左步落於右前方（足尖向右），左拳趁勢擊甲之右脅；成右北左南，右腳在前面西視甲之弓步式。如第四十三圖，及前二節，八十四項，八十九圖之乙式。

第四十四圖

第四十五圖

四三．肘底捶。乙將被甲右掌擊到時；身即隨同左腳，向後移動鬆化，同時左手由左向右，攔開甲之右掌攻擊，右拳亟從己之左肘下，趁上右步出擊甲之右腋。成面西，右腳在前之上勢弓步式。如第四十四圖，及前二節，八十六項，九十一圖之乙式。

四四．抱虎歸山。乙被甲以左手指點喉將到時；即鬆左步後化，同時左右兩手趁勢，由內向上往外，緣甲之左右兩臂，採執其兩肘，合抱至甲勢將背時，亟換右步（腳尖在右），並上左步，兩手即同時以掌心向前發出。成面西，左腳在前之弓步式。如第四十五圖，並參考前二節，八十八項，九十三圖之乙式。

第四十六圖

第四十七圖

四五．上步轉身攦。乙被甲攦將背時；即趁勢上右步（腳尖向右），跟上左步向右轉身，同時右手轉執甲之右手腕，左手亦即隨執甲之右肘，再退右步，落於右後方，向右後攦。成面南右腳在西，左腳在東之坐馬勢。如第四十六、七圖，及前二節，九十項，九十五圖之乙式。

四六．轉身退步跨虎。乙於被甲搬化後，亦即退右步落於右後方，與甲對成跨虎勢，升起同為合太極與甲對立。

太極拳譜

壹　張三豐祖師太極拳論附註

三豐祖師拳論，意簡言賅，法周用廣，與創造之太極拳術，適相符合。有以偽託假造為言者，殊難置信。且有楊譜證明，係武當張三豐祖師遺著於先，復經各家多方考證於後，已成定論，無可疑義。再如王宗岳先生之拳經及十三勢行功心解，與夫各種歌訣，闡發真理，極盡奧妙。不獨啓發後進，經久不衰，更將發揚光大，永垂後世，故均列為拳譜，俾得研求有自，用作規模。

一舉動，週身俱要輕靈，尤須貫串。

太極拳的基本工架，凡有一舉一動，則四肢上下，均須相隨運動，鬆腰鬆胯，綿綿不斷，內外合一，勁由丹田發出，方能稱為「輕靈」「貫串」。

氣宜鼓蕩，神宜內斂。

用氣必須鼓蕩，鼓蕩是由丹田，運行呼吸動蕩之氣，由意來運用；以氣運身，以身使臂，以臂使手，此即「氣以直養」的本意。「神宜內斂」者，即是沉著，曲蓄，斂入骨髓，乃能神清氣爽，應付裕如。故氣一鼓蕩，則無間可入，神一內斂，則全部不亂。

無使有缺陷處，無使有凸凹處，無使有斷續處。

研習架子時，應即注意姿勢，動作及快慢等等，必須處處均勻、完整、貫串、中正，而週身尤其要輕鬆，方可以言運用。倘運動失靈，則生缺陷間隙凸凹之弊，易被人乘，不可不知。

其根在腳，發於腿，主宰於腰，形於手指。由腳而腿而腰，總須完整一氣。向

前退後，乃能得機得勢。

根者為重心所在的基礎，有基礎才能發揮作用，此段以腳為根，是太極拳的秘訣。因為腳，以腳掌、腳跟貼地踏實，則下盤穩固。然後勁由能屈易伸的腿部發出，而上及於腰，由於腰似車軸，既輕便而又靈活，故定為全部之主宰，再形動於手指，始能發生作用。倘腳是腳、腿是腿、腰是腰、手指是手指，不能完整一氣，渙若散沙，必無應用的可能。所以提出「由腳而腿而腰，總須完整一氣」的警句！是要學者，注意「總須完整」四字的意義。亦就是週身輕靈貫串方可達到得機、得勢的目的。所謂得機、得勢者，一則得機乘勢以遂其行動。一則我無缺陷，週身完整，乘敵之虛，隨順時宜而動也。

有不得機得勢處，身便散亂。其病必於腰腿求之。

如敵處於優越地位，無機可乘，且已處於劣勢，則必心慌意亂，進退失據，此種情勢危急，處於將敗未敗之際，倘欲挽回頹勢，非從腰腿，亟求有效的轉換，運用週身貫串輕靈之勁，不為功。然非工夫純熟，不易由逆勢而轉為順勢。故於練工架時，對於腰腿之轉換，虛實之分清，均須著意留心，方免失敗之虞。

上下前後左右皆然。凡此皆是意，不在外面。

週身四肢既已完整一氣，則下盤基礎穩固，而上下前後左右之六方，亦莫不有同樣的重要。此乃示學者，須從腳而腿、而腰、而肩背、而手指，不獨要完整一氣，且須熟練，以意貫注，而達到上下相合，內外如一，自成意動身隨之極致。故曰「皆是意不在外面」。

有上即有下，有前即有後，有左即有右。

欲能應付六方，就要有意動身隨的工架鍛鍊，且須明瞭虛實轉換之理，陰陽變化之訣。因為上下、前後、左右變動無定，必須欲上要兼顧到下面，欲前要兼顧到後面，欲左要兼顧到右面，此即陰陽虛實之變化無窮。所謂「上下相隨人難進，引進落空合即出」。又所謂「動急則急應，動緩則緣隨」，雖變化萬端，而理為一貫。

如意要向上，即寓下意。若將物掀起，而加以挫之之意。斯其根自斷，乃壞之速而無疑。

「如意要向上，即寓下意」的意義，不啻為上文多一註腳，也就說明運用虛實陰陽之法，有虛就有實，有實亦必有虛，虛虛實實變化無窮，統在體用有方，週轉得宜，以表藝術之高，此段係恐學者不易明瞭此中意義，故特作此譬喻。「若將物掀起」者，是比將一件東西拿起來，還要顧及到下面有所牽連。「而加以挫之之意」，是要用剛柔並運，內外合一之勁來挫折摧毀。「斯其根自斷」，則其結果達到拔根的境界。根即斷則自然速收實效了。但所謂摧敵必先摧根。蓋人之全身以腳為根，人之上身以肩為根，人之下身以腿為根，發必發根，方可出手生效。或有以腰為根者，因腰為主宰，倘能發動，則根自可拔了。

虛實宜分清楚，一處有一處虛實，處處總此皆如是。

虛實即陰陽變化，有變化方能生技巧，有技巧乃可以言拳術，倘虛實不分，則成為孤陰獨陽，無生長變化可言，更無能變技巧之拳術，故首言「虛實宜分清楚」，其重要可知。因為兩手、兩臂、兩肩、兩腿、兩足，在左顧右盼之間，前進後退之際，莫不有虛實變化之技巧運用，此所以有，「一處有一處虛實，處處總此皆如是」之結句。亦就是每處皆有虛實。

長拳者如長江大海滔滔不絕也

長拳，十三勢，太極拳，名雖各異，而其意義，實無差別，蓋太極拳，長拳，均以體相命召而十三勢，則以用稱其名。所謂「長拳者」由起勢而至收勢止，均係式式貫串，上下相連，綿綿不斷，有如「長江大海滔滔不絕」之形勢。

十三勢者，掤、履、擠、按、採、挒、肘、靠，此八卦也。進步、退步、左顧、右盼、中定、此五行也。掤、履、擠、按、即乾、坤、坎、離，四正方也。採、挒、肘、靠，即巽、震、兌、艮四斜角也。進、退、顧、盼、定，即金木水火土也。合之則為十三勢也。

原註云：「此係武當山張三豐祖師遺論，欲天下豪傑，延年益壽，不徒作技藝之末也。」

查十三勢，既以掤履擠按，採挒肘靠，進退顧盼定之十三實用而稱其名。

乃知因其名，而得其體，效其法，而通達其用。特再節錄向愷然先生之十三勢論，以備參考。

「……十三勢以中定為主，掤等十二勢為輔，有中定然後有一切勢，一切勢皆不能離乎中定；每一虛實，皆先有中定，而後有變化，處處有虛實，即處處有中定，蓋法無定法，而一切法皆從中定、中出，法遍週身，中定亦遍週身。初學先求左右開闔之樞在，上下開闔之樞在腰。以呼吸附麗於開闔之中，呼為開，吸為闔，每勢中有手開闔，身開闔，縱橫開闔，內外開闔。一開闔，即一呼吸。開闔所在，即意所在，亦即呼吸所在。習之既久，自然氣遍週身。下手之功在呼吸；成就不思議玄妙之功，亦在呼吸。故所謂能呼吸而後能靈活者此也。……」（開闔；即放、提、發、收。）

貳　王宗岳先生拳經附註

太極者，無極而生，陰陽之母也。動之則分，靜之則合。

在天地未分以前，混混沌沌名為無極，由無極而生太極。再由太極生兩儀，而負陰抱陽，渾圓一氣。故稱太極為陰陽之母。由兩儀生四象，即太陽、太陰、少陽、少陰，四象生八卦，則陰陽相錯而生萬物，為太極自然之運用。「動之則分、靜之則合」者。動為陽、靜為陰、虛為陰、實為陽。陰陽、虛、實、動靜，關聯互生，相資為用。動為開，即所謂動之則分，靜為闔，即所謂靜之則合。開為動，為發為放。闔為靜，為收為提。而開為呼，闔為吸，凡所動作莫不有開有闔，乃名之為太極拳者，以其陰陽虛實，錯綜往復，相生不己。能發放收提，支撐八面；迴旋轉換，應付六方。再如掤擴擠按，採挒肘靠，進退顧盼之十二勢，皆屬於動，唯一中定屬於靜，而中定無勢，但勢勢均有中定，若無中定則十二勢均難得勢應用，其動要可知。

無過不及，隨屈就伸。

「無過」者，注重在一當字，不可有分外之求；凡一交手總須守中抱一，週身貫注、不偏不倚、彼不動、我不動、彼動我應；倘有凸出或有缺陷，即易被人所乘。「不及」，亦須注重這個當字，「不及」就是落後，落後就得不到機勢。合起來說：太過不及，均是失掉當機得當的當字。「無過不及」，乃是不先、不後、不突出、不落後，適得其當而已。

「隨屈」是不頂鬆化之法；跟著「就伸」以發以放，是不丟之法。左屈則右伸；右屈則左伸；以不丟不頂之勁，與之沾連粘隨，往復摺疊，隨彼之動而動，乃為守中應變之訣。倘伸展過當，則上體突出，易失重心，不免予敵有可乘之機。退屈逾分，則又陷於閉塞，亦失守中之義。

人剛我柔謂之走，我順人背謂之黏。

人用剛猛之勁以發我，而我乃用柔圓沾粘之化勁，使之落空；不能直落我身，是即謂之走；亦即所謂四兩撥千斤。

順勢背勢至關重要；順則得機得勢，背則失機失勢，順背之得失，統在工架之運用，能否得宜。倘能虛領頂勁，沉肩墜肘，含胸拔背，鬆腰鬆胯，尾閭收住，氣沉丹田，守中抱一，週身輕靈，貫串，是乃隨心所欲，則順勢自可取得。

動急則急應，動緩則緩隨，雖變化萬端，而理爲一貫。

太極拳與人交手之要訣，是捨己從人，都憑懂聽等勁，以資應付；人若急來，由懂聽等勁知而予以急應；緩來則緩隨；鬆開週身各部，不存絲毫拙力，絕不自作主張，自為緩急，隨機應變，自能粘連不斷，得心應手；雖有變化萬端之手法，亦將莫可如何，因為己有合理之一貫工夫。

由著熟而漸悟懂勁，由懂勁而階及神明。然非功力之久，不能豁然貫通焉

練工架、練推手、練大攌、練散手，久練不懈，自能純熟，由純熟而漸漸悟得懂勁；由於懂勁之悟得，再進而就可達到神明的階段。但這神明階段，是不易取得的，因為神而明之的境界；是明白了解，融會貫通，不獨體用皆知，虛實悉備；且含有神奇玄奧之義；故非功力之久，不易達到豁然貫通之妙。凡事均在人為，所謂人一能之己百之，人十能之己千之，明斯道矣。雖愚必明，雖柔必強。我輩亦當引以為鑑。

虛領頂勁，氣沉丹田。

「虛領頂勁」，即所謂之「頂頭懸」；是領導週身垂直，不偏不倚，成一

直線，亦就是中定的標準模樣，而顖門似有壓力，後腦得以用虛靈之勁上拔，則全身自然振奮，精神亦即因以提起。

「丹田」在臍下一寸三分，居腹之前，又名氣海，為精氣聚積之所，亦為元氣發揮之處。「氣沉丹田」是要發揮丹田聚積之元氣，俾斯應用。發揮即鼓蕩，亦即以意運之。欲運丹田之元氣，必須「虛領頂勁」，尾閭中正，腹內鬆淨，方可運行無礙。否則如尾閭突出，頸項偏倚，頂勁既失，則上下不交，氣難升降，功既無從練起，道更無法得修。蓋丹田之元，是以意由呼吸導引，經海底，尾閭，夾背，玉枕，天靈，前額，人中，喉結，心窩，臍輪，仍歸丹田。有先天後天之分，為道家升清降濁，反老還童之術。另於呼吸節中，尚有敘述。

不偏不倚，忽隱忽現。

「不偏不倚」，是言有中正安舒之體，乃可以應上下前後左右之用。「忽隱忽現」，是言有虛實無定，變化莫測之機能，方足以禦無窮之變化。祇要上提精神以貫頂，下沉其氣於丹田，尾閭中正淨鬆腹內，而腳、而腿、而腰、而臂、而手指，再能完整一氣，體用兼賅，自能發揮週身大用，入於不可思議之境界。

左重則左虛，右重則右杳。仰之則彌高，府之則彌深，進之則愈長，退之則愈促，一羽不能加，蠅蟲不能落，人不知我，我獨知人，英雄所向無敵，蓋由此而及也。

「左重則左虛，右重則右杳」，亦即譬喻虛實變化之難於捉摸，指導沾連粘隨不丟不頂之實際用法；意動身後，上下相隨，為避重而顯虛，引進落空，合即出之要訣。蓋左重則我左偏沉虛化，而右隨腰腿之勁以出擊。右重則我右亦偏沉漂杳，使之落空；而我左乃隨之以發。靜心沉著，隨機應變，自得虛杳無從捉摸之妙。「仰之則彌高，俯之則彌深，進之則愈長，退之則愈促」者，即彼欲向上則我用沾連不丟之勁，覺而隨之以更高，使彼捫天而難避。彼欲俯之向下，我亦覺而隨之下沉以更深，使彼如臨深淵而恐陷；彼欲進之則我引之以入，覺其愈進而愈顯其長，使彼無從捉摸。彼欲退之，則我以沾連不丟之勁，使彼而跟之愈逼其促，而難逃。「羽」為禽鳥之毛；「蠅蟲」為細小之蟲類，均是至小之微物；「不能加」，「不能落」者，乃形容不頂之意，雖遇至微極輕之細物，亦均鬆化使之不能沾著其身，全憑聽懂之勁，感覺靈敏，自成人不知我，我獨知人，方可所向無敵。然非功力之久，技高絕藝純者，不易達此境界。

斯技旁門甚多，雖勢有區別，概不外壯欺弱，慢讓快耳。有力打無力，手慢讓

手快。是皆先天自然之能，非關學力而有爲也。

「斯技」，係指國術武道。「旁門甚多」，認為不是正宗，而為左道者太多。其姿勢雖有區別，不若以壯欺弱，以慢讓快，有力打無力，手慢讓手快，為顯著天然本有之拙力。殊難與由學而得之鬆沉偏化，捨己從人，分虛實，別陰陽，周身靈敏，內外合一，綿綿不斷，以柔克剛之太極拳相提並論。

察四兩撥千斤之句，顯非力勝。觀耄耋能禦衆之形，快何能爲。

詳加檢討用「四兩」的力量，能將「千斤」之重的壓力，撥開去這句話，就顯而易見，必非用力勝他；是用巧妙靈活之勁來，轉移的；因在這千斤的壓力之一剎那間，能以偏沉鬆化的方法，使之落空，則四兩之力不用，亦可達其目的。「耄是」八十之年，「耋」是已過九十。他尚能抵禦三人以上之衆。此可證明衰老能禦強壯，益徵其柔能克剛，弱能制強了。

立如平準，活似車輪。

「立」身中正，有如天秤之不偏不倚，無前傾後仰，左歪右斜之勢；自頂至踵中經脊椎尾閭，聯成垂直一線，有同車軸，倘一運動，能不「活」如車輪嗎?這譬喻：是又說明，左重則左虛，右重則右杳，化即是打的種種法則；即受襲擊時，運用有似車輪旋轉之理，遇粘即走，隨化就打，處處使敵勁處於圈外落空，消化其力量。

偏沉則隨，雙重則滯。每見數年純功，不能運化者，率爲人制，雙重之病未能悟耳。

雙手相粘相頂相抗，不讓分毫，這就叫做「雙重」；糾纏不休，相持不下，亦就叫做「滯」；最後力強者勝。是未能懂得運用偏沉鬆化之理；若一粘到雙手，即鬆左或右，即合「偏沉」隨運之理，再能隨著腰腿，轉換身軀，乃能由背勢，而轉為順勢，則「雙重」之弊自解，倘自恃多年純功，不悟偏沉雙重之理，則仍難免為人所制了。

欲避此病須知陰陽。粘即是走，走即是粘。陰不離陽，陽不離陰，陰陽相濟，方爲懂勁。

此段復敘欲避「雙重」的弊病，必須要知道陰陽變化的真理，方可從根本上解除「雙重」的癥結所在。查陰陽與虛實，名雖有別，而實無軒輊之分；陰即是虛，陽即是實；虛即偏沉柔化，實即由柔轉剛，也就是左若遇實，則左轉沉化，右即實出。右若遇實，則右轉沉化，左即實出。「粘即是走」者，遇實粘而不頂，即鬆沉隨化謂之走。「走即是粘」者，是粘若遇走，隨而不丟之謂。倘反復不休，循環不已，這就叫做，「陰不離陽、陽不離陰、陰陽相濟」，因而沾能即連，連而復粘而隨，是乃謂之「懂勁」，即可得到借力打人之訣。

懂勁後愈練愈精，默識揣摩，漸至從心所欲。

懂勁是由練習工架、推手、大攌、散手，至相當程度時即可知得懂勁的境界；即入懂勁之門，乃須繼續努力，不可稍有間斷，則必「愈練愈精」；再加「默識揣摩」更可精益求精。「默識」是暗中強記；「揣摩」是測度其意義，而與之相切相近。如此精心著意。自必技隨日進，身隨心動，能不「從心所欲」嗎？

本是捨己從人，多誤捨近圖遠。斯謂差之毫厘，謬以千里，學者不可不詳辨焉。

伺機待敵，沉著應變，為交手前之應有的準備，是以逸待勞的方法，亦就「捨己從人」拳術中的特點。行功心解云：「彼不動我不動，彼微動我先動」，即是「捨己從人的本旨」。因為動而後，乃能有機可乘，有力可借，所以不自主張，隨彼之勢，乘彼之機，隨順機宜，使彼落空，我乃得機得勢以制彼。此須於未動時，虛靈沉靜，週身貫注，一經接觸，方可得心應手，但機勢不易取得，若稍先動，不獨不能順彼之勢以制彼，反而為彼所乘。若彼動而未能即隨，則我之機勢為彼所得，我反處於背勢！總須動即隨之而動，放亦隨之而放；此乃化即是打，打即是化，也就是隨化隨打，隨打隨化；並非左手化，必須要右手打，右手化，必須要左手打，這種「捨近圖遠」的動作，能不詳詳細細的分析嗎？

此論句句切要，並無一字敷衍陪襯，非有夙慧不能悟也。先師不肯妄傳，非獨擇人，亦恐枉費工夫耳。

此段跋語，極讚太極拳之精微奧妙，統已表達無餘。繼稱「先師不肯妄傳，非獨擇人，亦恐枉費工夫」等云云；雖未署名。已證其為宗岳先生的弟子手筆。

叁　十三勢行功心解附註

十三勢（前已註明）「行功心解」，是道教的術語，煉氣修心的方法；「行功」是屬於外型用功的做法；「心解」是屬於內心的修養；外則行其運動以健身；內則澄然寂靜以修心；內外雙修，乃為太極拳之動中轉靜，靜中轉動的養身要素。

以心行氣，務令沉著，乃能收斂入骨。以氣運身，務令順遂，乃能便利從心。

以作用字講：「心」即意，是人的知覺，為全體之主宰，佛教稱為心性，乃修持之不二法門，故名之曰修心；「行」是行使引導之謂，「氣」是氣息，無形質可見，為呼吸所必需，養身之要道。「以心行氣」者。以心意引丹田之元氣（丹田在臍下一寸三分），使之運行轉動，故能意到氣隨。「務令沉著」

者，須於行氣時，不用大呼大吸，而用小呼小吸，凝神靜慮，深沉著實，屏除急躁，虛浮，並須用意而不用力。「其能收斂入骨」者，行功時，須以深長之呼吸，使之上下推動，由推動而使丹田所積之元氣透過海底、尾閭、三關，分佈於骨骼之間收斂入骨，凝為骨髓；因而成為太極拳的內勁。「以氣運身」者，導引丹田之精氣，經過三關，運行全身，達於四肢。「務令順遂」者，氣隨意運，務使舒暢，毫無阻滯，即氣遍身軀不少滯之謂。氣沉丹田，運行無阻，週身舒適靈活，就可無往不利，從心所欲。此段以行氣運身為主體，而「沉著」，與「順遂」的兩點，尤關重要，應予依照修習，則不難收得實效。

精神能提得起，則無遲重之虞。所謂頂頭懸也，意氣須換得靈，乃有圓活之妙。所謂變轉虛實也。

「精神」為行功之本，有精神即可啓發作用，週轉方能得當，自無「遲重」之弊。「遲重」即呆頓，而又沉滯，冥頑不靈，有礙於行功，故須運用拳譜中之頂頭懸，（即虛領頂勁，前已註明）提起活潑之精神予以克治，乃有「精神能提得起，則無遲重之虞，所謂頂頭懸也」之說。

意與氣之重要，前已屢有解釋；但變轉虛實，相聯並連，統仗「意氣」轉換之靈敏，方可取得圓活之妙，才能隨機乘勢，無少阻滯，因而虛實更易分析，則轉變不難清楚。

歌訣云：「變換虛實須留意，氣徧身軀不少滯」；又云「若問體用何為準？意氣君來骨肉臣」。此皆指示凡有伸屈開闔，進退轉換，曲直虛實，莫不根據輕靈貫串，圓活飄渺，致使無從捉摸。拳譜中之行功心解，奧妙無窮，倘能詳為研討，自可引起無限興趣。

發勁須沉著鬆淨，專注一方。立身須中正安舒支撐八面。

此為太極拳發勁之要訣；以「發」必有「中」的觀念，應有相當的準備，方可期收實效。其準備為何呢？即將「身」與「心」合運起來，「體」與「用」共同一致，則心與氣合，勁由內生，而達沉著平實的氣概；然後鬆開四肢，沉淨內氣以求完整，無分毫拙力，乘機乘勢，專注對方的重點發之，以拔其根，此由意氣方面言之。而軀幹更應注意，故「立身須中正安舒」，方能「支撐八面」。倘立身偏倚，不守中定之法，則精神立現渙散，而意氣亦必難於完整，沉著鬆淨更難兼顧得到，此因中盤失去中正安舒，則下盤必現浮而不實，機勢既失，而背勢頓成。必須中正不偏，上鬆下實上輕下重，重則有根，根基既固，乃可支撐一切，應付各方。

行氣如九曲珠，無微不到。運勁如百鍊鋼，無堅不摧。

「行氣」與「運勁」，名分而實合。行於內者為氣，即道教所謂之小周天，能治自身疾病；運於外者名為大周天。能從掌內流出之氣，以治人病，亦可用以擊敵，名為內勁，乃為身心合運之勁。法以腹部丹田之呼吸，由意引導鼓蕩其氣，而運行於週身，然後身隨氣轉，上下前後左右，週旋活動，隨屈就伸，以及收放開闔，無不與呼吸相應，故有「行氣如九曲珠，無微不到」之喻。氣行週身，有如珠曲九轉，隨處可到。運轉四肢，似同珠活，太極為負陰抱陽之圓體，隨之以化，隨之以發，左右隨機，上下逢緣，理明則藝亦精。勁經百鍊而成鋼，則堅無不摧；蓋柔能克鋼，太極行功以氣為出發點；所謂極柔軟然後極堅鋼，柔能隨意繞轉旋化，雖遇堅而不易折，反有乘虛蹈隙之機，故能摧堅，此即柔中有鋼。

形如博兔之鶻，神似捕鼠之貓。

鶻音骨鷙鳥，即鷹有捉兔的長處，故用以喻其形勢。貓善捕鼠，亦系採取其姿態。是警學者遇敵沉著，舉動安舒，臨事不亂，量敵以進，俟機而動；有如鷹在空中盤旋伺機；貓注其穴歛神待發；一經有隙可乘，方得急轉直下，出其不意，攻其無備，以收全功，非有沉毅果決的修養，尚難語此技藝。

靜如山岳，動若江河。

　輕浮躁動，為藝技的大戒。人所共知，但一有不慎，即於不知不覺中，而流露無遺；故特提出要「靜如山岳」的沉重不浮，「動若江河」的周流不息，以為遵守之譜。

蓄勁如張弓，發勁如放箭。

　「蓄勁」有收轉引化之勢，喻如「張弓」，愈滿則力愈足愈猛，且可使得敵力落空，而我乃能順借其力，以制彼之背勢；此即張弓引滿放箭之義。歌訣云：「引進落空合即出」；又云：「妙處全憑能借力」。

曲中求直，蓄而後發。

欲「求直」以發人，必先曲而蓄其勁，乃可便利使用；且曲是鬆化人勁，人勁即被鬆化，則隨化轉身，就可成一直線，而得順勢，乘機發放。

力由脊發，步隨身換。

力有內勁力，與扭力之分，扭力出於生來本有，為有限的力量；內勁力蘊於丹田，由意氣的鼓蕩而發出，乃為無可限量之力；然非鍛練，則無從而生，故功能愈久，則勁力愈大。「力由脊發」的解釋：因脊為人身的主幹，週身氣脈交通的要道，上自腦，下至尾閭，為精髓升降的道路，乃生理自然的現象，當勁發於丹田時，受意氣的鼓蕩，行經海底，尾閭，緣脊而升，達於田肢之際，即根於腳，而發於腿，而腰，而脊，再由脊而運發於兩臂兩手，仍須完整一氣，乃可隨心所欲。「步隨身換」者，是身動而步亦隨之，上下相聯，內外合一，切守中定之姿勢。順而穩，則神舒氣暢，當可支撐八面。

收即是放，放即是收。斷而復連。

「收」是粘化，「放」是攻發，收至盡時，似斷而實乃轉攻轉發，不是「斷而復連」嗎？這與蓄而後發的意義，無稍差異。收是吸氣，以蓄其勁，乃可走化，以引敵勁於落空。而正合我的吸氣已滿，適時呼出以放之。這就是粘即是走，走即是粘，與陰不離陽，陽不離陰的變化莫測，同一原理。

往復須有摺疊，進退須有轉換。

兩手相粘，輾轉循環不已，謂之「往復」；「摺疊」乃是手臂相沾，互相翻覆，虛實因以轉變。俗云：「翻雲覆雨」，就是「摺疊」的變相。兩手固如是說：而兩臂兩肩，以及胸腹亦莫不同有之「往復」「摺疊」以分虛實。「摺疊」與「轉換」有相依為用的必要；因轉為轉身，換為換步，乃上有「摺疊」

而下必有所「轉換」，以取順勢。其分量之大小，尚須因勢以制宜，凡有「往復」，必須要用「摺疊」；凡有「進退」亦必要用「轉換」，此為身法步法配合一致，故須有此研究，方可以言變化。

極柔軟，然後極堅剛。能呼吸，然後能靈活。

「柔能克剛」早為老子所說：天下之至柔，馳騁天下之至堅，以其主柔者，乃為至剛。運用柔軟以制剛的方法，前已迭有論列，如人剛我柔謂之走，粘即是走，走即是粘，化即是打，隨屈就伸，捨己從人等等，均係以柔制剛的妙訣：倘柔軟的行功，已達爐火純青，週身輕靈貫串，以致「一羽不能加」，「蠅蟲不能落」的境界。一經行氣運身，鼓蕩以發內勁；能不有如百鍊之鋼，遇堅不摧嗎？

「能呼吸」者，是與一般的呼吸，有不同的區別；一般的呼吸祇由肺部的吐納，而與腹部的丹田無關。此呼吸乃經丹田之運轉，息息歸由腹部，與太極拳配合行之，久久純熟，則漸實而有力，氣聚丹成，故能提放自如，開闔便利，且呼吸與意氣，相通運用，乃是靈活的本源。

氣以直養而無害，勁以曲蓄而有餘。

「氣」之為用，遍於宇宙而為人身所本有；善能調「養」，而又善於運用者，則為聖為賢，成大功，立大業，能延年益壽，能摧堅振弱，此即「氣以直養」的秘訣。直者解為正當順宜；以正當順宜所養的氣，就是孟子所說的「吾善養吾浩然之氣，至大至剛，以直養而無害，則塞乎天地之間」，又如「持其志，無暴其氣，及氣體之充也」，均足以證明善養其氣而無害的說法；倘捨正氣而不養，則化為乖戾，轉成瞋暴之氣，其為害之巨？就莫可以喻啦。故佛稱為三毒之一，可不戒之慎之嗎？必須以「持其志，無暴其氣」為初步入手的工夫；繼以平心靜氣，依據呼吸，以意導氣的方法，存養於丹田氣海之中，運行於筋骨脈絡之間，溫存覆育，即隨家所謂「水火既濟」的功用。久而久之，乃成堅固之資，意動氣隨，即可運行精勁啦。

「勁須曲蓄」，而後才能達到有餘不盡的意義。曲係曲折，鉤環盤紆，有如河流之灣灣曲曲，深遠而流長，方可以形其滔滔不絕的蓄勁。太極拳的奧妙，一舉一動莫不渾如球形，處處成圈，以「腰如車軸，活若車輪」，身依意轉，隨屈就伸，斷而復連，圓無邊際，使人難以捉摸，然非工純藝高者，不易到此境地。所謂「勢勢存心揆用意，得來全不費功夫」。

心爲令，氣爲旂，腰爲纛。

此為十三勢行功提綱挈領的主要指示，佛說「萬法唯心」。為人生的主宰。故持以「心為令」，以使全身四肢百骸無不受其指揮調遣。如響肆應，唯命是從。而復以「氣」為傳達的使者，稱之為「旗」，亦即前人所謂「令旗」，傳其命令於實行戰鬥之主的「腰」；乃名以為「纛」。以此譬喻，以心行氣，以氣運身，以身使臂的要素作用。

先求開展，後求緊湊，可臻於縝密矣。

「開展」與「緊湊」，勢雖不同，而實有聯合之義。蓋「開」為開張展佈。有張羅採捕之狀。「緊」是緊靠。「湊」是湊聚，有投筍入轂的恰當，而達於縝密，有間不容髮之勢；與伸縮進退同一理解。但於行功之始，必須舒展鬆開，如肩、腰、胯、膝、腳、掌、拳、腕、肘等關節，均應不著絲毫的拙力。處處含有用意行氣，運轉柔軟如綿的神態。久即收斂入骨，堅實如鋼啦。

又曰：彼不動，己不動，彼微動己先動，似鬆非鬆，將展未展，勁斷意不斷。

「彼不動，己不動」，是以逸待勞，靜以觀變。但須沉著以蓄勁，待機而應變，為捨己從人的要抉。「彼微動」，而「己先動」者，是彼一微動，已露有方向，而己即先發制人，順其勢，乘其機，而爭取主動。「似鬆非鬆」，即將收未收，是柔中有剛。「將展未展」，即將放未放，是開展中存有緊湊之意。「勁斷意不斷」者，是勁雖未發，而意仍貫串不捨，此即不丟不頂，沾連粘隨之曲蓄，有餘不盡，待時乘機的主意。

又曰：先在心，後在身，脫鬆淨，氣斂入骨，神舒體靜，刻刻存心。切記一動無有不動，一靜無有不靜。

「先在心，後在身」，是心為全身的主宰。前文已有解釋。「後在身」，是身受心意的指使，有所行動，如影隨形，是心為主動，身為被動。「腹鬆淨」，是腹內須鬆開沉淨，無糸毫扭氣拙力；而騰然先天之氣，方可由丹田升起，「斂入骨髓」。神志既須舒暢，身體更宜安靜，時刻留意存心，勿稍放縱。「一動無有不動」，是不動則已，如有一處要動，則週身上下無不隨之而動。「一靜無有不靜」者，亦如週身上下無不隨之而靜。這就是完整一氣行的要義。

牽動往來氣貼背，而斂入脊骨，內固精神，外示安逸。

「牽動」是牽著動而動的行動，亦就是沾連不丟，往來旋迴的轉動；若僅用兩手的拙力，是無從發揮其內勁；倘以心行氣，以氣運身，以身使臂，勁由斂入脊骨的兩臂，隨著週身上下一致而發的，才是真正的內勁。「內固精神」，即內心沉著，全神貫注，氣不散亂，有如捕鼠之貓。外示安逸，是中正安舒，氣靜神恬，使人莫測高深，似若捕兔之鶻。

邁步如貓行，運勁如抽絲。

貓的行動，是靈活不浮，既輕且快，而又步步蹋實，故有仿傚的價值。倘若注意起左足時，先將體重移置於右腿，而重心即落於右足心。此即謂之中定。然後輕提左足，向前邁出；並須垂直身體，勿稍偏倚，則有勝於貓行啦。

以氣運身，方為運勁，是由丹田發出的內勁。每值運用伸屈開闔的時候，須要審時度勢，靈活均勻，狀如抽絲。切忌時緊時鬆，忽斷忽續，尤宜精神貫注，忽稍懈怠。而呆板沉滯的弊病，更應留意袪除，方可綿綿不斷，一氣呵成。

全身意在精神，不在氣。在氣則滯，有氣者無力，養氣者純剛。

太極拳的全部意義，是以精神意氣為主幹，骨肉為輔佐。「不在氣」，是「在精神」；「在氣則滯」之氣，是後天以力運出之拙氣，浮躁及瞋怒暴發之氣，其氣必不順。氣如不順，則週身板滯不靈，足即立現虛浮，失其重心，所云「有氣者無力」，就是此等後天之氣。若能發自丹田先天之氣，是由呼吸鼓蕩運育之元氣。則氣必充順，清而且平，能平則和，和即暢達，暢達即通行無阻，週身舒適靈敏，則無處不可蓄勁，無處不可發勁。此均有賴於善養其氣而已，乃有「養氣者純剛」之喻。

氣如車輪，腰似車軸。

氣之流轉運行，猶如車輪，極形其圓活靈敏，隨屈就伸，方圓並用，所謂「行氣如九曲珠無微不到」，真是透澈了當的比喻。「腰似車軸」者，因為腰係全身之樞紐，發勁之主宰，故又稱之為纛；腰動則先天之氣，似若車輪，隨著腰而旋轉；這就是氣遍全身不稍滯的明證。

（據傳十三勢行功心解，亦出王宗岳先生之手。）

太極拳歌訣

壹　十三勢歌附註

十三總勢莫輕視，命意源頭在腰際。

十三總勢，是說八法五行之全盤整套的架式；「莫輕視」，是說五行八法之十三勢，義深理奧，有延年益壽的功效，衛生禦侮的藝術。為人所難得，難遇的行功秘訣；寓有熱誠善意的勸導，勿以輕微細末的技藝視之。

「腰」為運動之主宰，故稱如車軸，其功用之偉大，為全身之冠。因腰的運動既可使血管的收縮；又可增強心臟的機能，不獨四肢賴以輾轉，而週身亦莫不仗其支持。道家稱動的發端雖在尾閭，為逆運的初關，而上下交通的要道，實在中部的腰脊以為樞紐，名為夾脊關。有此逆運的道路，乃可暢通無阻，爰有「命意源頭在腰際」之說。

變轉虛實須留意，氣遍身軀不少滯。

「虛實」「轉」換的「變」化，為全身運用圓活之需要重點；因為伸屈、開闔、循環、進退、無不存有虛實轉換變化於其間。故在盤架練習時，固「須留意」，而意氣轉換的運用，亦不容於忽視，倘若祇顧身體的虛實，而不及意氣的變換，致使意氣滯而不行，不獨有失氣遍全軀之妙，更失鍛練內功的裨益；務需於身體變換時，而意氣亦須轉換靈敏，方能氣遍全部無所阻礙，乃為身心合練內功的要訣。

靜中觸動動猶靜，應亂變化示神奇。

「靜」與「動」為極相反的性能，在字義的解釋「靜」為守，「動」為攻，故有靜如山岳，沉重不浮的靜勢；動若江河，有週流不息，滔滔不絕的動向。「靜中觸動動猶靜」；以人之正常態度多屬於靜，因受感觸的影響，乃有所舉動，而四肢百骸亦莫不隨之以行；但內心仍要處之以靜，才有從容不迫的胸懷，而免張皇失措的弊病；不驚不畏，方可沉著不亂，應付才能得當，此所以雖動而猶須要靜者，為扼要之作，不容忽視。又如存養於丹田之氣本靜，因被呼吸觸及而動，復由心神內斂，加以調攝，故用之則能運行全身；捨之則仍回丹田，隱伏密藏。此為「靜中觸動動猶靜」的又一解。

虛實變化，為出乎之常事；但「應敵變化」，亦須有「神奇」虛實轉換的技術，方可取得優勢的把握；「神奇」之道，為忽隱忽現，忽虛忽實，或重若崩雲，或輕如蟬翼，有神妙莫測，人不知我，我獨知人的秘訣。然非功力純厚，尚難言此。

勢勢存心揆用意，得來全不費功夫。

「勢」即出手的姿勢，有虛實變化之分，旋迴轉換之別，相續不斷，所謂之「勢勢」，因為要應付每一形勢，乃須存著專一不散的心意，聚精會神，行氣運身以濟用。「揆」是審度虛實變化及其用意。俾得因勢制宜，適當的收放，自可得手不費多大工夫。

刻刻留心在腰間，腹內鬆淨氣騰然。

腰如車軸及其性能之重要，上文已屢言之，乃為便於記憶，故有歌訣之編纂，意義深遠，是希學者，刻刻留意，時時莫忘，益徵其苦口婆心，重視其氣能如車輪，腰能如車軸之輕便靈活；而腹內能鬆，則意必清淨，使拙氣拙力，蕩滌無存，則丹田之元氣無所阻滯，自能隨意騰然選用。

尾閭中正神貫頂，滿身輕利頂頭懸。

「尾閭」與脊骨有聯帶的關係，為轉動元氣升降之要道；故須中正，與玉枕垂成直線為合宜；然欲「尾閭中正」，必須先求尾閭之收住，尾閭能於收住，方可成為中正，則精神始能貫於頂門；頂頭既懸而遲重板滯之病，自能免除；達到煉氣化神之成功，則週身心能完整貫串，輕靈便利並將有益於身心，久必自知。

仔細留心向推求，屈伸開合聽自由。

「仔細」是詳切，而又深沉，仔仔細細之謂。「留心」是留意所學之十三勢行功的原理，法則。「推求」就是揣摩怎樣化拿收放，怎樣變轉虛實，怎樣的鍛練，怎樣的運用。「屈」是屈曲，蓄勁有如張弓，「伸」是伸展，發勁，有如放箭。「開」是開轉圓活。「合」是合抱、合推、合機、合時，所謂「引進落空合即出」的合字之義。「聽自由」祇要行功有了成就，凡所運用，如

「屈伸，開合」的一切一切，均可運用裕如，聽其自然，絕無費力，勉強之處。

入門引路須口授，功夫無息法自修。

欲入太極拳深奧之門，須有引路的良師益友，指導其姿勢，講解其意義，然雖教授有法，而無自強不息的毅力，持之以恆的決心，一暴十寒，決無成就的希望，倘能於得法以後，自修無間，踏實努力，自無不得實益之理。

若問體用何爲準，意氣君來骨肉臣。

「體用」，「體」即本質本體，基礎；「用」為應用，使用；如果有人問我們所學之十三勢的基本用法，究竟以哪一樣為準確呢？答以「意氣」為主宰，「骨肉」為輔佐。亦就是尚先天之意氣，不尚後天之拙力。

詳推用意終何在，益壽延年不老春。

詳細推求，研習十三勢的用意，究竟在什麼地方呢？這是上一句的問號。下一句是答為學者身體強健，增加抵抗能力，有「延年益壽」的功效。不欲徒作技藝未節的要求；乃有近於道教。

歌兮歌兮百四十，字字眞切意無遺。若不向此推求去，枉費功夫貽歎息。

此四句係結束十三勢歌，為壹百四十字，並表明字字真實不虛，頗有知無不言，言無不盡，毫無遺留的意思，復以誠摯的語句，剴切的勸導，希於全盤指示，逐一推求，蹋實研習，俾免工夫枉費，期望後進之殷切，於斯更可顯見。

貳　五字訣附註

五字訣者，有五不同的意義。其一曰心靜、二曰身靈、三曰氣斂、四曰勁整、五曰神聚，皆為不可或缺的要點，故特別入本編之第二節，並附之以註，乃便易於瞭解。

一曰心靜。心不靜則不專一，一舉手，前後左右，全無定向。起初舉動，未能由己，要悉心體認，隨人所動，隨屈就伸，不丟不頂，勿自伸縮，彼有力，我亦有力，我力在先，彼無力，我亦無力，我意仍在先。要刻刻留心，挨何處，心需用在何處，須向不丟不頂中討消息；從此做去，一年半載，便能施於身，此全是用意，不是用勁，久之則人爲我制，我不爲人制矣。

凡所舉動，必須要心靜，倘心一不靜，則意必不專，身便散亂，而左右前後，無不失其定向；如於接手之初，運用有難隨己意的狀況，即要悉心的考察，認真的體驗，要隨著人的動向，而己則隨之以動；人屈，而己亦隨之以屈；人伸，而己亦隨之以伸；遇勁不頂，沾著不丟，絕不自動伸縮。彼有力，我亦有力，但我力於彼力未到之先，即化彼力，而制彼，是用先天之活力，不是用後天的拙力，彼無力，我亦無力，須知彼不用力，是蓄勁以待機，而我意仍應在先，蓄以俟彼。要刻刻留心，挨何處就沾到何處，我心就要用到何處，須向不丟不頂中討消息。不頂是不抗，不用暴力，不用硬拼，要用鬆淨，隨化之四兩撥千斤的方法。以制彼。不丟是粘而不捨，聽懂其勁，乘其機，取其勢，以制彼。倘從這樣去鍛鍊，研習，在一年半載之間，便能使用於全身；但此全是用意，不是用勁，久之則人為我制，我就不為人制了。

二曰身靈。身滯則進退不能自如，故要身靈。舉手不可有呆像，彼之力方礙我皮毛。我之意已入彼骨裏。兩手支撐，一氣貫穿，左重則左虛，而右已去，右重則右虛，而左已去。氣如車輪，週身俱要相隨，有不相隨處，身便散亂，便不得力，其病於腰腿求之。先以心使身，從人不從己，後身能從心，由己仍從人，從己則滯，從人則活，能從人，手上便有分寸，秤彼勁之大小，分厘不錯，權彼來之長短，毫髮無差。前進後退，處處恰合，工彌久而技彌精。

週身輕靈貫串，為舉動所必要，故曰身靈，因為身一不靈，則週身頓成遲滯之狀。進退轉換就不能隨心自如，是要得到身體靈活之後，舉手方能保無呆笨之像，彼的力量一沾到我的皮毛，而我的意氣，已進入了彼的骨裏，兩手相持，務要一氣貫串。彼左重（即發）我即左虛（即鬆化），而我右即發出。彼右重（即發）我即右虛（即鬆化），而我左即發出，心氣如車輪，週身俱要相隨，如有不相隨處，則身便散亂，便覺不能得力，其病必須於腰腿之間，立求改正。先用心以使身，須隨從人之動而動；後身如能從心，而己仍須從人之動而動。由己而不從人則滯。從人而不由己則活。能從人，則手上便能知有分寸，能秤彼勁的大小分厘不錯，權衡彼來之勁的長短，毫髮無差，前進與後退，處處均要恰合時宜與步驟，則工夫練得愈久，而技術亦必愈精。

三曰氣斂。氣勢散漫，便無含蓄，身易散亂，務使氣斂入骨，呼吸通靈，週身罔間，吸爲蓄，呼爲發，蓋吸則自然提得起，亦拏得人起，呼則自然沉得下，亦放人得出，此是以意運氣，非以力運氣也。

氣必須要斂入骨髓，方可運用自如，氣如不斂，則氣勢必然散漫，而無所歸束，便無含蓄的餘地，身就易於散亂了；所以務要使氣能斂入骨，呼吸因而貫通靈活，週身無間，與運氣如九曲珠無微不到之意義相符合。吸氣則為蓄勁，呼氣則為發勁，因為一吸氣，則精神自然提得起，就能負起化拏的責任，一呼氣，則自然氣能沉於丹田，亦覺發放得出。此乃以意運氣的妙用，不是以力運氣的拙法。

四曰勁整。一身之勁，練成一家，分清虛實，發勁要有根源，勁起於腳根，主宰於腰，形於手指，發於脊背，又要提起全副精神，於彼勁將出未發之際，我勁已接入彼勁，恰好不後不先，如皮燃火，如泉湧出，前進後退，無絲毫散亂，曲中求直，蓄而後發，方能隨手奏效，此借力打人，四兩撥千斤也。

勁者分而不整，絕無出手收效的可能；必須將週身之勁，練成完整一氣，分清虛實，方可以言運用，但發勁要知道，勁的根源所在，是起於腳根，主宰於腰，形於手指，發於脊背，然於發勁之初，務要提起全部的精神，在彼勁將出未發，將到未到之際，而我勁已經接入彼勁，恰好不先不後，如皮膚之觸火，如泉水之湧出，前進後退，無絲毫之散亂，由曲中而變直，是蓄勁而後發，方能隨手獲效，此為借力打人，乃是四兩撥千斤的基本法則。

五曰神聚。上四者俱備，總歸神聚，神聚則一氣鼓鑄，練氣歸神，氣勢騰挪，精神貫注，開合有數，虛實清楚；左虛則右實，右虛則左實，虛非全然無力。氣勢要有騰挪；實非全然占煞，精神貴貫注。力從人借，氣由脊發，胡能氣由脊發？氣向下沉，由兩肩收入脊骨，注於腰間，此氣之由上而下也，謂之合。由腰形於脊骨，布於兩膊，施於手指，此氣之由下而上也，謂之開。合便是收，開便是放；能懂得開合，便知陰陽，到此地步，工用一日，技精一日，漸至從心所欲，罔不如意矣。

神聚是聚精會神，能聚精會神，則事無不辦。上文已具有心靜、身靈、氣斂，勁整四法；現乃歸總於神聚，神聚是由氣的鼓鑄，而成為練氣歸神，氣歸神聚，則氣勢就可騰挪轉換，而精神即能貫注於開合；倘能沉著有數，分清虛實，則左虛而右實，即左鬆化，而右即發出，右虛則左實，即右鬆化，而左即發出，虛非全是無力，乃係用沾粘之接的截勁，隨化隨發。騰挪氣勢，須有緩急之分，不是全憑煞手，要留有餘不盡的地步。而精神尤要貴能貫注，力從人借而制人。氣須由脊而發，何為由脊而發哩。氣向下沉分運於四肢，由兩肩收入脊骨，注於腰間，此氣之由上而下，謂之合。由腰形於脊骨，布於兩膊，施於兩手手指，此氣之由下而上，謂之開。合便是收，開便是放，能懂得開合的意義，就可知道陰陽的祕訣：到了此樣的境界，則用一日的工夫，而技藝亦必日精一日，漸漸達到從心所欲，無不如意啦。

叁 打手歌附註

掤攌擠按須認眞，上下相隨人難進。

打手即推手，亦就是所用的手法。「掤攌擠按」為十三勢中的四正法，前後上下左右六方，無不兼到並顧，所謂有上即有下，有前即有後，有左即有右。須要認真的是，掤有掤的用法，及用勁的處所，攌有攌的用法，及用勁的處所，擠有擠的用法，及用勁的處所；按有按的用法，及用勁的處所，均須明析清清楚楚，才能隨屈就伸，進退自如，隨其動而動，粘連變化，莫可窮盡。如掤轉而隨週身之勁，變為攌，由攌變擠變按，均無不可，隨機應變，上下相隨，則人就難於進入啦。

掤法：為左右兩手接手的用法之一，是由下沾而向上，或左右斜出，由掤而沾粘而採、而化、而握、擠、按，皆可隨勢變化以應用。倘有以右拳擊我者，我即以右臂肘腕之間，隨腰腿之勁，掤而化之，（化用捲勁）我左手即可隨勢出擊，則我順，彼背。彼如用左手，我亦隨之仍用左手如法以應。惟掤的用勁處所，需在人的活節處，及拗處為最佳，使其不易脫化，然至適當的時期，亟須轉而為發，但要含胸拔背，虛領頂勁，凝神歛氣，自注對方。

握法：含有採挒捲按等勁，進退轉換之妙。彼若前撲，擊我時，我即以採挒之勁以握之，彼若左手在先，我當亦以左手，先採彼之左手腕，右手掌粘彼之肘及肱部，亟上右步或退左步，務須隨機順勢，隨腰腿之勁，以遂其行動，並要含胸拔背，坐腰鬆胯以握之。彼如上右步再上左步插入我之襠內，並轉以向左肩或左臂靠或擠我時，我即向左轉腰，順退左步，鬆化其勁，並取得順勢，以按，以握、或以截勁而發之。此亦上下前後左右，隨順機宜，或握而轉按，或搬而轉捌，變化繁複，全仗周身一氣以作運用之準備。

擠法：以肱部擠擊人身之謂，亦為推手中主要之一法。擠出時不能過高，或過低，過高則勁難透達，過低則勁又難透出。擠由被搬之後乘勢而用擠法。彼如搬我右臂，乃以不頂不抗的姿態，隨順其勢，跟上左步，亟以右步插入彼之襠內，迅用腰腿之勁向右轉進，頂懸身正，沉肩含胸，尾閭收住，由下往上，緊靠彼身，立成前弓後箭的姿式擠出。上身勿向前仆，免失重心。但擠法忌用手臂之拙力，全憑腰腿之勁，加以意氣，左掌附於右臂之內肱，週身由下右旋隨轉隨升，由坐馬勢，而成弓步式，發其長勁，則我勢順，彼勢背，故易拔根。

按法：有單按雙按之分，沉勁長勁截勁之別，以順步為得勢，以開合往復合升降為應用，以起步為虛，落步為實，虛則為引，實則為發。倘彼以左臂或左肩擠我時，我即鬆轉右步（足尖向右），以化其勁，乘勢右轉上左步，以雙手按其重心，此為雙按，而用截勁。如彼以右拳擊我，我亦以右手由下向左向上，成一曲半徑之小圓圈，捲化其來勢，隨換右足（足尖換向右轉）上左步，出左手按其重點，此為單按，而用長勁。如彼以雙風貫耳，擊我時，我亦以雙手，循緣彼臂，由上向下按出，此為雙按而用沉勁。但按時，須用腰腿之勁，加以意氣，凝神注視，虛領頂勁，沉肩垂肘，含胸拔背，坐腰鬆胯，尾閭收住，上身切忌前仆，仆則重心向前，易被攦出，不可不慎重注意。

任他巨力來打我，牽動四兩撥千斤。

任何重大的力量，發中其目的，方可發生作用。倘遇輕靈的身手，施以適當的技藝，如以「四兩」之力以「撥千斤」之重，使之落空，鎖其力量於無形，則無作用之可言。但「四兩撥千斤」之意義，必須明析了解，乃能應用裕如；其主要的動作，統仗鬆化，與不丟不頂，遇勁即捲而鬆化，隨勁引走，使其力無所用，乃為以柔化剛的妙用。

引進落空合即出，沾連黏隨不丟頂。

一經接手我即沾化其勁，「引」而「進」於「落空」，我以合於順勢之便利，乃即發出，彼必不支，其全部功用，統在「沾連粘隨不丟頂」之五勁。五勁者：曰沾勁、曰連勁、曰粘勁、曰隨勁、曰不丟頂勁。

「沾勁」：沾為沾染靠著，彼此一經接手，即彼此沾著，而能知其伸縮進退。因一沾著，即可用其聽勁，而有懂勁，既知懂勁，則變化運用無往而不利啦。「沾勁」之主要用法，為「不丟不頂」之提勁；因能順其勁以乘其勢，有引人「落空」之妙，故為五勁之首要，若無此「沾勁」、則「連隨粘」及「不丟頂」之回勁，皆必失其作用，獨如無因，即無緣之由來，必須因緣湊合，乃可發出偉大的用途。

「連勁」；為連貫不斷，不休，不息，繼續無停，連綿無止，不中斷，亦不稍有脫離，隨沾運行，而發生作用，故「連」之為用，亦難容於忽視。

「黏勁」；相著如膠，粘而不捨，貼而不離，隨其伸縮，聽其勁而乘其隙，相與往還以蹈其虛，柔綿隨轉，遇機即放。

「隨勁」；為隨順其勁而制其人，即捨己從人之主要法門。因彼緩我緩，彼急我急彼進我退，彼退，我進，不即不離，不先不後，隨以粘連，不丟不頂，所謂動急則急應，動緩則緩隨，即此之意。

「不丟頂勁」；「不丟」者，不脫、不離、不捨，緩急相隨以乘其虛。「不頂」者，不稍抵抗，不用力拒，純以柔化，轉而以制其剛，為五行之源，輕靈之本，乃十三勢重要用法之一。

肆　八字歌附註

掤履擠按世界稀，十個藝人十不知。若能輕靈並堅硬，沾連粘隨俱無疑。
採挒肘靠更出奇，行之不用費心思。果得沾連黏隨宗，得其環中不支離。

歌首係讚揚十三勢中一「掤履擠按」諸法之奧妙，為世所難得的稀奇技藝。一般學者，多未能如法深切的研習，與行功的了解，致難得其精義。若能鍛鍊純熟，週身輕靈貫串，復可剛柔並用，則「沾連粘隨」的各勁，及運行的方法，俱無疑慮的隨意使用，這是四正法的玄妙已如上述。而「採挒肘靠」之四隅法，更有勝於四正法的奇異用法。因十三勢為基本之總體；而「沾連粘隨」為用以輔助，果能得到體用兼施，相互為用，自可隨意運行於太極圈中，絕無支離散亂之虞。以四聯八句之警語名其歌，俾便學者易於記憶。至如各勁的用法，已於上文解釋，不再多贅。

伍　乾隆舊鈔本太極拳經歌訣

一・順項貫頂兩膀鬆，束烈下氣把襠撐，胃音開勁兩捶爭，五指抓地上彎弓。

「順項貫頂」，為虛領頂勁，因項能順勢隨轉，方能精神貫注，以應各方的運用。「兩膀鬆」者，為沉肩垂肘，鬆開兩臂，乃可蓄勁待發。「束烈下氣」是收束暴烈的意氣，使得心安體舒，氣沉丹田，鬆坐腰坐胯，撐襠以取其勢。「胃音開勁兩捶爭」的意義，以哈聲發勁，能助長兩手出拳的猛銳。相傳昔時楊健侯先生，坐於庭中手持煙筒吸煙時，有門人某請求指教手法，乃命其門人，以拳儘力擊彼腹部，門即遵命，拳將著時，楊於一笑一哈之頃，將腹一鼓而門人已跌出門外，楊仍安坐吸煙如常，其門人竟不明由何勁而被拋出。此足證明以哈聲助長內勁之玄妙。然非藝高者，當難語此。「五指抓地上變弓」，為出手形勢的指示。五指待用之際，必須五指向下似同抓地，手背微曲有如彎弓，鬆開腕肘以蓄其勁。

二．舉動輕靈神內斂，莫教斷續一氣研，左宜右有虛實處，意上寓下後天還。

每一舉動均須週身輕靈，氣沉丹田，凝神注意，一經搭手即運用沾粘聽懂等勁，不丟不頂隨屈就伸，既不容有斷續，更須煥發週身一氣的妙用。左右虛實，倘能分析合於氣機，則出手無不適宜。如欲發其上部，就要注意到下面，彼如攻我上部，我須應上而並留意於下，還要顧及運用丹田先天靈活之勁；排除後天板滯之拙力。

三．拿住丹田鍊內功，哼哈二氣妙無窮，動分靜合屈伸就，緩應急隨理貫通。

「丹田」為內功的源泉，鍛鍊的根本，故須利用丹田的源泉，方可窮根究本，發掘有理，得收鍛鍊的實效。（丹田在臍下一寸三分又名氣海）「哼哈」就是呼吸，呼吸與丹田有密切的關係，丹田為體，呼吸為用，互為配合，息息相通，乃存氣沉丹田之妙用。

「動」為運用的本體，在十三勢的動法，如拳論云：「一拳動週身要輕靈，尤須貫串」。亦就是一動週身無有不動，但須分析「動」的妙用，有由「靜」而「動」，由「動」而復「靜」，由著「動」而「合」、而「屈」、而「伸」、而「就」著，隨著，跟著，能緩能急，所謂「隨屈就伸」、「捨己從人」，「沾連粘隨」，「不丟不頂」，順其勢，以應其變，理既通達，則用無不諧。

四・忽隱忽現進則長一羽不加至道藏，手慢手快皆非似，四兩撥千運化良。

「忽隱忽現」，是或虛或實，或上或下，或左右前後，變化莫測，旋轉無定，而以變應變，以柔制剛，尤為扼要。「進則長」為能左虛而右進則實；右虛而左進亦實；就是左實則左化，而身心左轉，右即反而隨勢進以發出，左右反復，均無不可。

功夫能達到一羽不能加著的階段，則其輕靈迅速，己是爐火純青，統由精於懂勁，才能有此表現，所謂懂勁後愈練愈精，即是此意。

技藝的奧妙，不以「手快手慢」為重要，而以四兩能撥千斤的運用，方為值得注意的一法；故必須研習透澈者，以求善於鬆化為標準。前於打手歌中已有解答，茲再釋其意義，以「四兩」輕微的力量，而「撥千斤」之巨勁，是非乘機得勢，而予以牽撥不為功。譬如彼用右拳千斤之力擊我右肩，我即鬆沉右肩，使彼落空，我之右手即隨腰腿之順勢，沾彼之右腕，隨彼之力，予以右牽，我左手亦可順勢出截其肩臂，倘再步隨身轉，則必更覺得勢。

五・掤攦擠按四方正，採挒肘靠斜角成，乾坤震兌及八卦，進退顧盼定五行。

東南西北為四方正，東北、東南、西南、西北為四斜角，即東為震，南為離，西為兌，北為坎，合掤攦擠按為四方正。而東北為艮、東南為巽，西南為坤、西北為乾，合採挒肘靠為四斜角。以前進、後退、左顧、右盼、中定為金木水火土之五行，作相生相剋之用，有互相生剋之理，稱為八卦五行，為太極拳之基礎。

六・極柔即剛極虛靈，運若抽絲處處明，開展緊湊乃縝密，待機而動如貓行。

此聯四句為行動心解之提要，賅括無餘，已於心解篇中註釋，故不再贅。

陸 體用歌附註

太極拳，十三式，妙在二氣分陰陽。

「太極拳十三式」，已釋為「掤攦擠按，採挒肘靠，進退顧盼定」的十三姿勢，毋庸再述。惟體用之分尚未分析清楚，故特略予敘列。在十三勢中之最重要著則為「中定」，為立身之主宰，有「中定」方可以應各方；故心解有「立身須中正安舒，支撐八面」，是乃以中定為體；而以其餘之十二勢為用。二氣當為人生須臾難離的呼吸之氣，有呼吸，就有動靜、陰陽、虛實，因呼是由中而吐而發，為動、為陽、為實；吸是收納，故為靜、為陰、為虛、為運行之源，存養之主，沉於丹田，佈於四肢，為修養身心的基礎，啓無限之妙用。

化生千億歸抱一，歸抱一，太極拳兩儀四象渾無邊。

「化生千億」，是千變萬化，無窮無盡。「歸抱一」是負陰抱陽，為太極拳的本體。太極拳係由兩儀四象所成長；因「兩儀」是陰陽，「四象」是太陰太陽、少陰少陽。由陰陽而有虛實動靜，則太極拳之生剋運用，油然而生，渾無邊際。

御風何似頂頭懸，我有一轉語，今爲知者吐，湧泉無根，腰爲主，力學垂死終無補。

御，即駕馭控制，「御風」者，言有乘風飛行絕跡之妙；但何如頂頭懸，以御人身之全體為合理得當呢？因頂頭懸，即是虛領頂勁，用以領導週身之垂直，乃成中定，有如提綱挈領，不偏不倚，方可應付八方，不獨精神因以煥發，而輾轉運用，亦必輕靈順逐；「轉語」，即傳語，因有重要之奧義，傳與有志的同好；「湧泉」是穴道的名稱，在兩足之腳心，為週身之根本；腰如車軸，為運用之主宰，若不予以注意，雖力學到垂老臨死亦將無益於行功，枉費工夫而已。

體用相兼豈有他，浩然氣能行乎手。

「體用相兼」就是週身配合一致，靈敏貫串，剛柔並用，六方兼顧，並須鼓起丹田先天浩然之氣，引用到手上，方能發揮作用。

掤擴擠按採挒肘靠，及進退顧盼定，不化自化走自走。

十三勢為太極拳之基本，法均取柔制剛，以靜而御動，陰陽虛實變化無窮：「不化自化走自走」者，即是遇勁鬆沉自化，沾到乘勢就走，亦即是用意不用力，身隨意轉之謂。

足欲向前先挫後，身似行雲打手安用手，渾身是手手非手，但須方寸隨時守所守。

如欲舉足向前時，必先身向後挫，將前足所負之重量，移置於後足，後足前進亦復如是，乃可步步踏實，處處有根，以免虛浮不實之弊。若以遇勁鬆化為原則，應隨勢後挫，轉身進步則成順勢為左虛右實，右虛左實。身如行雲的輕便靈活，則上下前後左右，無不適用自如，手隨意發，則隨處皆手，有如打手歌所謂「上下相隨人難進」。但須鎮靜沉著，方寸乃可不亂，隨時制宜則必守所能守。

柒　眞義歌附註

一・無形無象。

行動靈敏，有如電光石火，「無形無象」，忘其有己，氣純意靜，才是上乘行功。

二・全身透空。

週身輕靈貫串，而靜如止水，氣沉丹田，透過三關，內外合一，則全身透空。

三・忘物自然。

行功時能神清氣爽，心靜意恬，則物我皆忘，自可隨心所欲，運用自如。

四・西山懸磬。

穩定如西山之固，處處有根，則無顛仆之虞。虛領頂勁，有若山巔懸磬，輾轉輕靈，活潑貫串，不獨板滯全消，而有海闊天空之概。

五．虎吼猿鳴。

「虎吼猿鳴」，乃是呼吸哼哈，提神導氣，引息息以歸丹田，升清降濁，健身益壽；本相生相剋之理，鍛鍊修身，充實元氣，以養精神。

六．泉清水靜。

「泉清水靜」是指心無罣礙，清靜沉著乃可行氣運身，即老子所謂「專氣致柔」。專氣致柔者，即氣沉丹田，能氣沉丹田，方可收斂入骨、運於四肢，用於手指，而精神更顯注活潑。

七．翻江鬧海。

影射以心行氣，以氣運身，以身使臂，以臂使手，心身合運，及元氣流動，呼吸運轉等等，已另於呼吸內解釋。

八・盡性立命。

「性」為人生之本質，無為而安行之曰性。佛教六祖惠能認為「性」本清淨，火生不滅，含萬法本自具足，無動搖，能生萬法。此靈覺之「性」於無始已來，已與虛空同壽，既不生滅、亦無增減，佛經言之綦詳。「盡性立命」是盡其性之所能，而為神定氣足，乃可立命，佈於週身，形於四肢。

捌　功用歌附註

輕靈活潑求懂勁，陰陽相濟無滯病，若得四兩撥千斤，開合鼓蕩主宰定。

一舉動週身輕靈貫串，是運用之基礎；若無「懂勁」的配合，則不易乘機，蹈隙，因勢制宜，乃有「輕靈活潑以求懂勁」的必要；能「懂勁」而又「輕靈活潑」則陰陽虛實，自可相濟為用，而無遲重停滯之病；方可把握「四兩撥千斤」之訣竅，行其鬆化偏沉，隨屈就伸，則前進後退、上下左右，開合的運用，一經心氣相守、出於丹田之鼓蕩，再以中定為其主宰，自必成為優勢。

玖　撤放密訣附註

一曰擎，擎開彼身借彼力。

「擎」是舉動，含有掤攦擠按，採挒肘靠之四正四隅法。「擎開」亦即解開，乃以四正四隅之八法，皆可解開彼身以借彼力；惟其運用，非藝高者難期得心應手。因借勁發人，雖有舉動，但須隨勢鬆化，不容思索，覓其焦點背勢，全仗腰腿之轉換得宜，愈快愈妙，乘彼之勢，借彼之力，使彼不知不覺，出其不意，鼓足丹田之意氣，以迅雷不及掩耳之快速發之；必須腰腿一致，沉肩垂肘，含胸拔背，尾閭中正，更須顧及時間，不可或早或遲，早則彼勁未出，無從假借，遲則己身已中，無能為力，最恰當之時間，為彼勁將出尚未全出，或將到而未全到之際，在此一剎那間發之，方為有效。

二曰引，引到身前勁始蓄。

勁若無蓄，則無可以用發；蓄由曲來，曲由引來，「引到身前，勁始得蓄」，而後乃能有勁可發；所謂「引進落空合即出」。合即含有蓄意，已於打手歌及引勁篇中註釋。

三曰鬆，鬆開我勁勿使屈。

「鬆」為太極拳體用中主要之一，亦為不易做到之一作，如真能「鬆」而且淨，即可應變自如，而無張惶失措之虞；因為我勁雖鬆，而沉著待發（即是淨）則彼撲空轉而為我所制；此乃「鬆」而不「屈」之妙用。

四曰放，放時腰腳認端的。

收須適時取勢；「放」更須要得時乘機。尤須注意，根在腳，主宰要於腰，形於手指，由腳而腿而腰總須完整一氣，方可以言「放」乃為端的之要素。

拾　太極拳之三要論附註

一．心　會　論

（心會者，心領神會，悟解、論斷、有關太極拳之腰脊、喉頭、心地、丹田、指掌、足掌，六要素，精粹的意義。）

(1)腰脊為第一之主宰。

腰與脊有聯帶的關係，「腰」為腎之府，一身恃為轉移開闔的樞紐。「脊」為人身之主幹，全體氣脈交通之要道；上至腦，下至尾閭，是精髓升降之道路，氣上升成液，液下降復成為氣，如此上下循環，周流不息，為人類日常生理自然之現象。當勁之發，其根在腳，發於腿，由腰轉運而上寄於脊，再還於肩，達於手指。故下部之根在腳，上部之根在脊，下部以腰為樞，上部以脊為軸；由「脊」而發者，須含胸拔背，背拔則脊自伸直，肩沉肘垂，則氣自沉於丹田，復以意導之而上，寄之於脊，當此之際，掌臂仍均不宜著力，須以腰腿完整一氣之勢，從脊而發出；勁雖達於兩手，而兩手仍宜鬆開，俾便觀機察變，則能發能收，權自我操，運用裕如，故於心會論中列為第一之主宰。

(2)喉頭為第二之主宰。

「喉頭」在喉間氣管之上端，上通咽頭，為呼吸空氣出入之要道，內附發聲須用之聲帶，係人類生存所依恃，居於頸項之間，與虛領頂頸有連貫之關係，因頂懸虛領，「喉頭」方可中正安舒呼吸乃能暢通便利，週身受其領導，則前後左右無不輕鬆活潑，故行動之需要，在心地之上。

(3)心地為第三之主宰。

凡事莫不由心構造，而技藝之優劣，亦均繫於「心地」，「心地」能光明透達，則認識清析，舉措得當，「心地」能堅定篤實，學業方能望其有成，藝乃期其能精，故學藝者，要有堅實之「心地」，方可以言鍛鍊，因鍛鍊必須要恆心，若無恆心，則一暴十寒，作輟無定，學何能成，所以有恆乃為成功之本，「心地」為習藝之主宰。

(4)丹田為第一之賓輔。

「丹田」為行功之本，入道之基，發揮內勁的源泉，修養身心的寶藏。而督脈上升，任脈下降的意義，專氣致柔，心氣相守的真理，均有研求探討的價值，故為賓輔之第一。

(5)指掌為第二之賓輔。

人類之「指掌」，為供一切之使用；但有靈敏拙劣之不同，乃有鍛鍊之必要。能有合法之鍛鍊，方可期得活潑之敏捷，鬆化粘走之確當，收放得宜，手隨意轉，運用自如，而點拏抓打，無不聽其自便，則「指掌」之重要於此可見。

(6)足掌為第三之賓輔。

足為一身之根本，「足掌」貼地，足跟始能立定，勁方能由腿發；而胯而腰而臂而形於手指，乃能運轉靈活，伸縮輕便，根基既穩，則用無不適，動無不合，但須鍛鍊有素，方得供能應求，合於機勢，此則堪為學者注意。

二・週身大用論

(1)要心性與意靜，自然無處輕靈。

「心」主思慮的事與職，凡屬思慮皆曰「心」，並為意識之現象，精神之狀態。「性」為生之本質，有性善性惡之分，為生的命，合言為生命。「心」所計慮為「意」，所謂『欲正其「心」，先誠其「意」』，私料臆度猜疑均屬於

「意」，思量事物謂之「意」。心之與性與意，雖有區別，而關係連貫，則運用難分；在十三勢的動態中，總以靜來制動；因靜能沉著不亂，觀察確切，而無紛拏之弊，自能表現處處輕靈，舉動得當。

(2)要遍體氣流行，一定繼續不能停。

太極長拳不尚力，而用意氣的內勁以制人，其行動之要，為以心行氣，以氣運身；並須疏筋活絡暢通氣血；由呼吸而氣沉丹田，運行週身各部，前已屢有解釋；但運行需繼續不斷，乃可期得速效。

(3)要喉頭，永不拋，向盡天下眾英豪。

「喉頭永不拋者」，即喉頭永不拋棄而免懈怠；欲要喉頭永不拋棄，就要虛領頂勁，下頦內扣，其意義已釋於心會論內。

(4)如詢大功因何得，表裏精粗無不到。

此聯是用問答分析十三勢的行動，著重在「表裏精粗無不到」的答案，「表」是外形的姿勢架式；如虛領頂勁，沉肩垂肘，含胸拔背，鬆腰鬆胯，掤擺擠按，採挒肘靠，前進後退，中定等均係屬於外形的行功。「裏」是內功內勁，屬於身體的內部，如以呼吸行經丹田過三關，以心行氣，以氣運身，以身使臂使手的等等是屬裏的內功。這些內外行功的各部各門，無論「精」的「粗」的，均須聚精會神，詳切的研習，揣摩探討，自可得其玄奧。

三．十七關要論

(1)旋之於足。（變換方向，旋轉前後左右。）
(2)行之於腿。（舉步行動，根於足發於腿。）
(3)蹤之於膝。（膝有伸縮彈動活力，利於跳躍蹬勁。）
(4)活潑於腰。（腰為運動之主宰，故須活潑。）

(5)靈通於背。（勁發於脊背，靈通才能敏捷。）

(6)神貫於頂。（即頂頭懸，為能提起精神以求貫澈。）

(7)流行於氣。（氣行遍體，方得輕重貫串。）

(8)運之於掌。（以心行氣，以氣運身，而及於掌。）

(9)通之於指。（氣由手掌，而通達於指。）

(10)斂之於髓。（牽動往來氣貼背，才能斂入骨髓。）

(11)達之於神。（功夫達於神明，則無往不利。）

(12)凝之於耳。（凝即靜聽。）

(13)息之以鼻。（一呼一吸要深長細微，息由鼻孔出入。）

(14)呼吸於肺。（乎吸雖主於肺，而氣沉丹田，則升清降濁，受益無窮。）

(15)往來於口。（口主吐納有哼哈之助勁。）

⑯渾噩於身。（週身嚴肅，以備不虞，而防意外之失。）

⑰全體發之於毛。（毛是遍及全身，倘根根均能發勁，則氣透全體，意到氣到，勁亦到。）

拾壹　用功五誌附註

研習太極拳，有用功五誌的提要，紀行功五重要之措施，堅其意志，循序探討，以求精湛神明的技藝。五誌者：

一·「博學」：要多下工夫，將十三勢之每式各手、以及一舉一動、無不博究其意義。窮根析理，廣為追求，充實其基礎。以作行動的引導。

二·「審問」：是審察行動姿勢，能否合法合度，收放出手，能否準確入彀，內外合一，心氣相守，必須反覆檢查，以求得當。問非口問，而是因沾勁而得的聽勁，能聽才能取得懂勁，懂勁後方可愈練愈精，由開展而致緊湊。

三·「慎思」：慎則無錯無誤，行動謹嚴，不稍敷衍苟且，方免盲目散亂之弊。思可得一反三，能深思凝神則領悟必多，智慧必廣。

四·「明辨」：能明辨，才能洞悉隱微，知所虛實，而鬆沉偏化，輾轉進退，乃得有所依据，應付方可確切無誤。

五·「篤行」：為行動之主體，因其純厚而不雜，急速而不倦。故「博學」、「審問」、「慎思」、「明辨」，均不能離開「篤行」。必須相與配合，互以為用，乃可發生力量，而有用功五誌的提示，以作鍛鍊之標準，俾得運用理智，發掘精奧，既可增加技藝之進步，復為健康確立之規模，有益於社會，當非虛語。

拾貳　太極拳基本要點附註

一．虛領頂勁。（即頂頭懸，輕鬆虛靈，為一身如提綱挈領則四肢皆張，精神因以渙發。）

二．眼神注視。（眼為五法之一。五法者，即「手」、「眼」、「身」、「法」、「步」，眼神注視者，隨時隨地，均須注視敵方，而眼隨手轉，手到眼亦到，尤所必需。）

三．含胸拔背。（胸含則胸不挺出，並有鬆化之勢，背拔則領導全身，才能垂直中正。）

四．沉肩垂肘。（沉肩者，肩不聳上抬高，而鬆沉下降。垂肘者則肘隨肩墜，與虛領頂勁，含胸拔背相配合，才易達到中定，而週身之勁，乃可透出。）

五·坐腕伸指。（腕坐則掌有根，指伸則勁方能透，所謂五指抓地上彎弓，即此之意。）

六·身體中正。（中正即中定，為十三勢之本體，立身中正才能支撐八面。）

七·尾閭收住。（尾閭不正，則週身難得中定，欲得尾閭中正，就要縮肛收住尾閭）

八·鬆腰鬆胯。（腰腿皆鬆，拙力乃消，則體舒身安，內勁得以暢通，運動方可輕便。）

九·膝部似鬆非鬆。（膝為腿之活節，伸縮所需，似鬆非鬆，乃能運動便利。）

十．足掌貼地。（是腳與地合，實而不浮，則根自穩固。）

十一．上下相隨週身一致。（一動無有不動，一靜無有不靜。）

十二．分清虛實。（出手能分陰陽虛實，則收發均可收效，人既不易制我，而我反易，使人落空。）

十三．內外相合，呼吸自然。（當呼者呼，當吸者吸。）

十四．用意不用力。（意到氣到，勁亦到；身隨亦動，意隨人動，人動己動，人不動己不動，亦就是捨己從人，隨心所欲。）

十五．氣遍週身，分行上下。（上貼於脊背，下沉於丹田。）

十六．意氣相連。（以心行氣，意到氣亦到。）

十七．式式勢順，不拗不背，週身舒運。（體正則身自安舒，在不頂、不抗、不丟中、必取順勢以制人，凡遇背勢，即隨機轉換方向以求順。

十八．式式均匀。（不快不慢，綿綿不斷；外式如此，意與內勁亦然。）

十九．姿勢無過，或不及，當求其中正。（太過即前傾後仰，不及乃開展未足，必須前後適中，高低得當。）

二十．用法含而不露。（用法即出手，要隱而不露。）

二一．動中求靜。（息心寂靜，無思無慮，沉著不浮。）

二二．靜中求動。（內氣因觸而動的運用。）

二三．輕則靈，靈則動，動則變。（鬆沉運當，即得輕靈之妙，沾走得宜，陰陽相濟，則變化無窮。）

太極拳之練習階段

太極拳之內容意義，極為紛繁，若不分層按序研習，不易深入堂奧；故有形法功解之階段區別，俾便被學之由淺入深，著手易而進步速，引其探討之興趣，有益健康之體驗，一經認識確切，即可聚精會神，作有恆之決心，成無間斷之鍛鍊，而身心獲益，將自知之。

壹　初步之學習

查太極拳名宿於教授之初，必先使習單練站椿多時，然後方肯傳授十三勢之基本架式，但亦不肯輕率多授，務使一手一式純熟後，方得繼續完成全套，以時間計，恐非一年半載不可，倘仍泥而不變，將有妨礙後進學習之虞。今為發揚光大計，爰特測其心理，因時制宜，先教以僅得十三勢之基本外部形式，以引起興趣與信念，然後逐漸加深，修正姿勢，使能了解全部意義，各式使用方法，及各式勁之所在，再進而研究呼吸之配合，動作升降之運用，務使通達暢曉，根據拳譜之愈練愈精，不致走入歧途。因為有此模形，即可逐日運動，有運動，即可體驗增強健康的益處。

貳　修正姿勢

練習太極拳之初步工作完成後，即須修正其姿勢，姿勢若不正確，行功即無進步之可能，修正姿勢，須於一式一法之處，前進後退之間，均要合法合度，嚴格糾正，務使架式中肯，出手得當，目隨手轉，步隨身換，上下完整一氣，則基礎始立，餘事當可跟進。

叁 各式意義必須瞭解

十三勢之姿勢，架式，既已完整，而其意義尚未能透澈了解，則應用無從著手，是必味同嚼蠟，有礙鍛鍊之興趣；故形成姿勢完整之際，則進入用法階段，即須瞭解其意義，亦就是實地演習；而「手」、「眼」、「身」、「法」、「步」之五法，首要分晰清楚，配合必須得當，運用亦求適宜，然後依法，從盤架子入手，逐式按步研習其使用方法，尤要知道，「掤」應如何「掤」，「攌」要如何「攌」，「擠按」與「採挒肘靠」亦均莫不如是；而「前進」「後退」「左顧」「右盼」以及「中定」等法，無不了如指掌，洞悉無遺。倘能由頭到底，經此嚴密的研究，則其形式必能改善，而進步亦必加速，更以各種「推手」「大攌」，及「散手」促其領悟，則外形用法既經透澈，而內勁之取得，自可迎刃而解。

肆　勁力之研究

太極拳之「勁」與「力」有明晰之分別，「力」是屬於後天，為生來所自有，乃由骨而發，稱為拙力，則不免板滯失靈；不若「勁」係屬於先天，由丹田經脈絡以透出，既圓活，而又敏捷，雖極柔軟而實含堅剛，一經鍛鍊純熟，則妙用無窮；但「勁」有多種，若不逐一研求，殊難得其竅要。例如沾黏勁，聽勁、懂勁、走勁、化勁、引勁、拿勁、發勁、借勁、提（放）勁、接勁、捲勁、截勁、抖擻勁、鬆勁、沉勁、摺疊勁、開勁、合勁、長勁、鑽勁、掤勁、攦勁、擠勁、按勁、採勁、挒勁、肘勁、靠勁、撥勁、搓勁、撅勁、冷勁、斷勁、寸勁、分勁、抖跳勁、凌空勁、擦皮虛臨勁，等茲僅擇其要者，分釋於左。

一·「沾黏勁」：沾黏勁者，與對方一經搭手，或一接觸，即先沾染，而知即黏著，隨而不丟；但不頂不抗，或隨走而鬆化，或隨化而即發，均無不可，所謂引進落空合即出，粘即是走，走即是粘，沾粘連隨之運用，皆本於此勁。

二·「聽勁」：此聽非用耳聽之聽，乃用皮膚之彼此接觸，覺而知之以為聽。但聽勁係由粘勁而得，若不先練粘勁，則無從而知聽勁。其練習方法，須由推手大攦散手中循序漸進，並須鬆腰鬆胯，屏除拙力呆氣，靜心沉著，斂氣凝神，方可粘而後能聽，聽而後能懂，懂而後則能走能化能發。十三勢行功心解有，「彼不動己不動，彼微動己先動」，似鬆非鬆，將展未展，勁斷意不斷。乃足以喻聽勁之真意。

三·「懂勁」：懂勁者，係由粘聽二勁所得來，而恰切準確，方可謂為懂勁，但欲達到明瞭之真實懂勁，非有深切之研究，及相當之時間不為功。在未得懂勁之先，易犯頂、偏、丟、抗等病；或於似得未得之際，更難免有斷、結、俯、仰、各病。此均須要嚴予注意，祇要功力純熟，自能視聽準確。則伸屈轉換，動靜虛實，以及開合升降之妙用，洞悉無遺，即可隨心所欲，無往不利。拳經有謂懂勁後愈練愈精者，亦即此意。

四．「走勁」：走勁即遇重，偏沉鬆化，轉讓之謂；由著懂而不頂不抗，利用腰腿之靈敏，左重則左虛，右重則右杳，粘著就走，隨其來勢，或高或低，或左或右，或橫直長短，雖無一定之標準，只要能懂其勁，隨遇隨走，不稍抵抗，使其處處落空，即有千斤之功力，亦必莫可如何。

五．「化勁」：走化二勁名雖有別，而意義所差無幾，所不同者，走勁有走了之義，化則略有掤意，隨有拏發之勁，有左化則右發，右化則左發之妙。

但化勁係由粘走連合而成，在不頂不抗不丟之形勢中，隨感隨化，似以手肩承化，而實由腰腿之靈敏，相濟不離，前後左右自能應付裕如；其要點，統在我順人背，快慢得宜，隨機應用，所謂往復須有摺疊，進退須有轉換，人不知我，我獨知人，方得稱為真化，然後可拿可發；但化勁不可用之太過，太過則沾粘之勁易斷；又不可太慢，太慢則勢背，有不能前進化敵之虞。總須俟敵將發而未發之際，將至而未全至之頃，隨勢而化，又不能太早，或太遲。太早敵勁未到則無所化；太遲則敵勁已著，化已不及。倘能乘機得勢，邊化邊發，步隨腰轉，則化無不宜。

六・「引勁」：引勁處於化勁拿勁之間，轉化勁為尤難；因彼不動，要引彼動，彼既動於搭手時，不能隨我所欲，須用引勁，引入我之勁路；其引用方法，係先假後真，如引高則打低，引直則打橫，引左則打右，或先虛後實，使彼週身散亂，處於背勢，入我彀中，我即乘其不備，擇其焦點，拿而發之。但在發勁之先，須有拿勁；在拿勁之先；須有化勁；惟不可盡仗手法，仍須繼之以身法，步法，腰法，上下完整一氣，則引之愈長，發之愈能得勢。更應必須注意者，沾粘二勁，不可須臾離之。

七·「拿勁」：拿勁係由採沾而得拿到之勁；在太極拳之各勁中，為難學之一，其重要地位，在各勁之上。因為有拿才能有發；能拿方可能發。發而不中，係拿未準確，故拿為發勁之先鋒，相依為用，緊湊得宜，方可發其焦點，中其要的。惟需動作輕靈得當，切忌呆重，若一遲頓，即易被人脫化；其緣因是失在將拿未能拿到之頃，倘能週身完整靈活，一經拿到，敵即不易脫去；其要訣於不知不覺中，用迅速之手法，拿其活節，如腕、如肘、如肩等處，否則易被化脫。而拿勁尤應注意者。

(1)輕重高低，務須衡量相等得宜。

(2)於拿時要含胸拔背，沉肩垂肘，歛氣凝神，尾閭中正，頂懸步穩，不失重心，所謂拿人不過膝，過膝即不拿。

(3)遠近距離必須適合，倘不適合，則有失去重心之虞。

(4)拿人不拿手，拿手頓而易化，拿之樞紐，統在腰腿，拿人非用力拿，力拿呆而易脫，拿之主旨，全在週身一致與意氣相配合；而拿之步法，身法，及方向亦極重要。

八．「發勁」：太極拳中之發勁，亦即所謂之放勁，並包括截勁，長勁，沉勁，鑽勁，冷勁，斷勁等；而長勁雖能柔慢伸長，不若截勁乘虛而發之剛猛；沉勁雖有沉化輕靈之妙，不若鑽勁旋轉入傷內部之銳厲；至如冷斷二勁尤為凶猛，因在引人得勢之後，於其內勁稍斷不知不覺中，以完整之蓄勁，發於人身，故極猛烈。在發勁中除借勁，鑽勁外，其他諸勁於未發之前，均須有化引拿等勁，拿之得勢，方能言發，否則發亦無效，學雖不易，倘能通於一勁，或精於一勁，則其他各勁，將不難於通而且精。惟需於學習之初，要先清楚勁路扼要之各點；須由人之全身查明何處為根，何處為枝，何處為葉。而人身之上下，亦有根枝葉之分別，應予一並說明；人之全身，當以足為根，身為枝，頭為葉；但人之上身，以肩為根，肘為枝，手為葉；人之下身，腿為根、膝為枝、足為葉；故拿發必須先求扼要，扼要之方，即是摧根結底。惟發勁時，倘有重要之點，更須明瞭。

(1)機勢為發勁之重心，不得機勢，即不足以言發勁；因為得機得勢，則我順人背，方能發無不中；否則處於背勢，重心既失，偏於一方，焦點顯露，氣必上升，身便散亂。

(2)方向必須認清，方向不清，則無以言順背，如上下前後左右，或正或隅，均須對準方向，乘敵背勢而發之；所謂發勁須沉著鬆淨，專注一方，即此之意。

(3)時間要適合恰當，以求準確，倘發勁太早，則敵勢未完，易生頂抗，遲則敵已發覺，易生變化，最好在敵舊勁已盡，新勁未來之際，或在後退時間，即沉著蓄而發之，當無落空之弊。

(4)距離必須得宜，因過遠則勁難達，過近則被悶閉，不易開展。

(5)發勁之高低上下，尤須擇定清楚，以例言，人高我高，人低我低。倘人過低我當發其上部；人若過高我當發其中部下部；其餘大小輕重，亦當衡量，或上或下或中，因時制宜，隨機應變，並於接手時用粘勁，及引化等勁，偵察其虛實。

(6)發勁之處所。即須尋找敵之弱點、焦點，有時發其呆實處，有時發其虛而不能變化處，有時用指引其力出，以掌截而發之，或虛或實，使敵意氣散亂，莫宗一是，然後發之，自無不宜；並以人屈則隨其屈而發之，人彎則就其彎而發之，均可隨機運用。

(7)發勁不獨用拳用掌用指，而週身任何部分，均可發人，且在剎那間，隨引隨發，惟須週身一致，上下完整，內固精神，外示安逸，使於不知不覺中發之，最可獲效；此即發勁如放箭，是乃週身之勁，各部透露完全吐出之故。倘發而未能暢達者，皆由肩臂腰腿諸法，未能一致，且有停滯之弊；故發時要尾閭中正，虛領頂勁，含胸拔背，沉肩垂肘，坐腕伸指，兩臂直而不屈，坐腰鬆胯，氣沉丹田，由丹田逼出貫於四肢，或由氣貼脊臂，透達四肢，斂氣凝神，目注對方，發人之勁，獲如拋物、欲拋即拋，最忌欲拋，而猶豫不拋，則氣散意斷，將無發勁之可能。

(8)隨化隨發，因搭手運用，形同圓圈，愈小則愈妙。隨化者隨圓而化之；隨發者隨圓化而隨發，即上半圈化，而下半圈則隨而發之。此即所謂進即是退，退即是進，收即是放，放即是收。

九·「借勁」：借勁者，借人之力，順乘其勢隨而發之；不用引拿等勁，僅以少許之化勁，隨到隨發，愈快愈妙，乘其來勢，借其來力，高則高往，低即低去，而前後左右，及週身各部，均可隨勢以借其勁；惟須腰腿一致，沉肩垂肘，含胸拔背，尾閭中正，要提起精神，轉換意氣，要敏捷轉靈，適合時機，並須顧及遲早，早則敵勁未到，無從借得，遲則敵勁已到，又有不及之虞。其恰當時間，在敵勁將出尚未全出，或將到而未全到之際，於一剎那間發之，極為有效；所謂牽動四兩撥千斤者，即為借勁之重要意義。

十・「提（放）勁」：有提勁即有放勁，二勁必須配合，方可發生效用，因放即是發，如提而不發，等於無提。提者是提上拔高，使敵失其重心，而發之，是拔其根，以收乘敵失去重心之效；但本身重，而被提身輕者，轉易收效，倘本身輕，而被提身重者，則收效較難；然藝高者，自可運用機智，乘人於不知不覺中，進步直前，用腰腿等勁，向上沾提發出，有如放箭拋物之勢；最忌單用手提，因手遲緩而嫌笨重，易被發覺；故要提時，首先足心貼地，穩固基礎，繼應丹田鬆淨，氣貼脊背，虛領頂勁，尾閭中正，凝神注視對敵；而方向距離身法、步法、時間，均須湊合得當，隨機應變，提如得勢，即加後引，則無論何勁，皆可發放。

十一・「接勁」：接者，一經接著其勁，隨鬆、隨化、聽其勁將完未完之際；接而鼓蕩丹田之元氣，隨以發出，其猛銳能出意料之外。蓋接如接一皮球然，球一到手，隨其來勁而鬆沉，其勁自緩將盡，接著隨而用內外合一，腰腿一致，先天之勁，反彈出去；含有粘聽提放吞吐之意於剎那，必能較為猛烈；但非週身一貫，懂勁純熟者，不為功。

十二·「捲勁」：捲之為用，如捲物然，純以柔而漸及入彀；遠在掤勁、撥勁、拿勁之上。因掤撥拿勁，不免含有扞格意態，用力多而運用圈大，倘參合捲勁，則扞格轉為柔和。捲隨腰腿勁走，用力微而運用圈小，由緊湊而至縝密，乃為以柔克剛之要素。

十三·「截勁」：為截斷整齊發出之勁，又名剛勁，其用法，遇勁鬆化，引其落空，則人背我順，擇其焦點，截而發之；其勢雖猛，但要虛領頂勁，含胸拔背，沉肩垂肘，尾閭中正，歛氣凝神，鼓蕩腰腿之勁，由手掌、臂、肘、肩、膝、足以及週身各部，均可隨順機勢以發出；其勁路，有直線弧線之分；

如右手採敵右腕，右腳同時跟進，腳尖向右，出左掌攻敵右肩，同時跟上左步，用右腿曲蓄之勁，隨腰轉以發之，成前弓後箭式，此為弧線，（左與右同）倘由正面，隨化隨發，則為直線。

十四・「抖擻勁」：鼓蕩丹田，先天之元氣，振奮精神，集週身之勁，煥然，隨呼出之氣，於剎那間，抖擻擲出，形同拋物，先柔後剛，猛銳異常，其動態有如波浪，隨屈就伸，統仗輕靈一致，方能確收實效。

十五・「鬆勁」：為運用所必需，若無鬆勁，則冥頑不靈，無活動之餘地。能鬆能化能走，能輾轉變換，而捲拿等勁，莫不存有鬆意；曲由鬆來，勁由曲發，能鬆才能發。鬆須鬆筋活絡，週身鬆開，更無絲毫緊張之意，鬆而且淨，方為真鬆。

十六・「沉勁」：沉能不重不浮，方可謂沉勁。因重為有形，力呆而滯，倘再雙重，則更填實、氣閉、而力拙。浮即是病，由於浮光掠影，飄渺而無實際，則運用無從，沉為無形，似鬆非鬆，似緊非緊，輕靈活潑，浮重皆無，內則神明不昧，外則氣清意爽，達於四肢；發勁能沉，出敵更厲，為因丹田之氣，由背、而臂、而手、以發出。

十七·「摺疊勁」：摺疊多用於沾粘往復時；如手臂上仰則為疊，向下翻覆，則為摺，乃為手臂變換虛實之用；不獨手臂往復沾粘時用之，即肩背等處，均可依此隨勢採用；摺疊如劃圓圈，力點走變不一，為易化易於發放之妙訣，仗敵不易制我化我。倘無摺疊，則往復無從沾粘，虛實亦難分別，而遲重板滯由此以生，則焦點更必易於暴露，能不為敵所乘？且截化鬆沉等勁，無不寓有摺疊，一經研討，自可得其精義。

十八·「開勁」：即開展，見入則開。即見人勁來時。化開、撥開、拏開、掤開、鬆開、捲開之謂；而與手法步法及距離之遠近，時間之快慢，均有聯帶關係；倘距離過遠，則勁不能達，過近則閉難輾轉。時間若過快，則敵勁未到而落空；過慢則敵勁已著，而失其效用。但用開勁，必須要用腰腿一貫之勁，而加以意氣；並非祇用手臂之勁，若僅以手臂硬開，則呆而且鈍；如開至適當敵背我順時，即須緊湊以發出，然不可太過，太過，則勁易斷而失效；又不可不足，不足則易為敵乘。能開至得勢，即可直迫敵身。完成先開展後緊湊，而達縝密之目的。

十九．「合勁」：合與開，用適相反，有陰陽之分，陰為合，陽為開，合必有開，開必有合，開合之間，確有連帶的關係；開則宜用於撥化，合則宜用於發放，開為分勁，合為圓勁，故能隨腰腿以運用。得達緊湊縝密之理。但虛領頂勁，含胸拔背，沉肩垂肘，尾閭中正，心氣相守於丹田之意氣貼於脊背，乃為合勁所必具。所謂引進落空合即出，亦本此意。

二十．「長勁」：長勁用於沾而不頂不丟之際，隨腰腿之勁，與敵勁相周旋；遇勁阻撓時，則隨其化而繞之，有隙則以伸長之勁，使之於手臂肩肘及週身各部。發時須沉肩垂肘，含胸拔背，尾閭中正，並加以意氣，與截勁參用，先長後截，或先截後長；均無不宜；但先後所發之勁，皆須蓄而後發，有如彈簧，旋之愈久則弛之愈長，其奧妙即在於此。

二一．「鑽勁」：有鑽竅點穴之能，為以指或拳旋轉鑽入之勁，極其猛銳，易傷人之內部；向為戒不輕發，俾免意外之虞。用須含胸拔背，沉肩垂肘，氣沉丹田，虛領頂勁，繼以意氣而發出，較為有效，惟練法及穴道之處，非經藝高者親傳口授，不易得其精確法要。

前所解釋各勁之外，尚有掤攦擠按採挒肘靠等勁，已釋於另節，茲不再贅，其餘因非必需故亦從略，但功夫先練開展，後練緊湊，緊湊得法，再求由尺而寸而分，而達於縝密。祇要能懂、能化、能鬆、能拿、能捲、能發後，則太極拳中各勢各式，及推手大擺散手等，以及各派之一手一著，均可隨意參入運用，幸勿故步自封，拘泥不化。

伍　意氣之研習

太極拳稱為內家拳者，因有以意運氣，以氣運身之妙。初學似感困難，但只要專心一意，有志於此者，亦可於久練純熟中得其奧竅。研習之方，於練習十三勢時之姿勢，已經正確，意義已經明瞭，即可於一手一式中，虛設假想用法；譬如兩手作按式時，就假想前方有人被按。此時手掌中並無氣之可發，己乃仍復假想，氣由丹田下沉，經過海底；展閭上升脊背，然後由背而臂，而腕、而掌，用以透出，發於人身。此種假想，初學時雖屬渺茫，但習之既久，即能運用自如；若用於四肢亦可意之所至氣則隨之。無論何處，均能隨意運行。而太極拳之開合、鼓蕩、呼吸、進退，以及練其氣於週身，使能由體覺、筋覺、觸覺之敏感、而達於精神。是皆由於功力之大小，而達境界之深淺。

陸　呼吸及運氣

太極拳之呼吸，專用鼻而不用口。俗有上下二層，及先天後天之分。呼時為上層氣，亦為後天氣，係由鼻孔呼出，同時下層氣，亦即先天氣，反而降入丹田，此之為任脈下降。吸時上層氣由鼻孔吸入，同時下層氣由丹田逼向上升，或由丹田轉經海底、尾閭，從脊背上升，名為督脈上升。此等境界，俗謂氣通。凡能練至相當程度時，皆可達到，不以為奇。然初習時，不可操之過急，因為過急，不免有分神妨礙拳式姿勢，或走入歧途之虞。復有氣之旋轉方式，分為先天往後天，與後天往先天之說。合並言之，氣之旋轉方式，為先天往後天，與後天往先天二種。

一．由前往後，俗謂由先天往後天，即丹田氣往下行達於海底，經尾閭，緣脊骨上行，經玉枕，天靈等穴，下過前額、人中、喉結、心窩、臍輪等處，而仍歸於丹田原處。

二・由後往前，俗謂由後天往先天，即由丹田氣往上過臍輪、心窩、喉結、人中、前額等處。經天靈至玉枕等穴，緣脊下行，抄尾閭而過，達於海底，往上仍歸於丹田原處，正與前式相反。此種行氣初練亦甚渺茫，日久自能達此境界。但呼吸雖能了解而不知運用真理，亦難達到太極拳之妙境。十三勢行功心解有云：「能呼吸然後能靈活」，意即呼吸與動作有連貫之關係；因吸為提、為收，呼為沉、為放，一舉一動，均與呼吸有關。當求互相吻合，應呼者呼，應吸者吸，而陰陽虛實，迴旋轉換，莫不皆然，若能運用得宜，則週身自能輕便靈活。然何者應呼，何者應吸，及練習之方法，均應予以說明，乃可易於領會。在練習十三勢盤架子時，即應注意，出手為呼，收手為吸，升為吸，降為呼，提為吸，沉為呼，開為吸（開化為吸。開發為呼）合為呼。（合化為吸，合發為呼）動步轉身及各式過渡時，為小呼吸，小呼吸者，即呼吸不長，又呼又吸，而含有稍微停息之象。在推手時，按為呼，擠為呼，攌為吸，掤為呼，化為吸。被攌時為自然小呼吸，因此小呼吸，而能易於達到心靜。心靜則可視聽對方之行動，免致貽誤。如被擠被按至不能再吸時，即改而為呼，因使吸進之氣，散於四肢，故呼之不能再呼時，即改而為吸，至不能再吸時，復改而為呼。呼與吸，原可循環變更。再在大攌中之呼吸，㨃為呼，靠為呼，轉身將按未按時為小呼吸，其他舉步而未發勁時，為小呼吸，因求其靜，而希能得其視聽，且有沾粘之勁，存於其間。再如劍刀桿及散手等之呼吸運用，亦無不同之處，即出手為呼，收手為吸，升為吸，降為呼，開為吸，合為呼等等之練習，純係上乘功夫，非一揣即得者可比。所謂「入門引路須口授，功夫無息法自修」。

此編分為六節，以形法功解為原則。一、二兩節為初步形式之研究，三、四節為法解而兼功，五、六等節，即入於功而兼法，倘能按照步驟，逐層持之以恆，自可達於精進！

「附：為

紀念　宇涵先師遺言：「我們習太極者，應將　楊家太極拳、散手等作傳承工作。」弟子開生謹遵師諭勉力出資重排製版付印之，本書摘自太極拳釋義。

國家圖書館出版品預行編目資料

太極拳功法詮釋／鄒開生撰；鄒松鶴繪圖. －
臺北縣中和市：元眞. 民86
面： 公分
ISBN 957-99075-7-9（平裝）

1. 太極拳

528.972 86009042

太極拳功法詮釋

編撰者：鄒開生
發行人：鄭昌榮
繪圖者：鄒松鶴
出版者：元真圖書出版社
地址：台北縣中和市永和路六號四樓
電話：（〇二）二四九四一一二
傳眞：（〇二）二四六九一〇一
郵政劃撥：一七九九五九〇 吳子娟
登記證：局版台業字第陸肆零叁號
出版日期：中華民國八十六年七月
定價：新台幣二六〇元
總經銷：錦德圖書事業有限公司
地址：板橋市中山路二段291～10號7樓之3
電話：（〇二）九五六六五二一
印刷者：七海印刷有限公司

ISBN 957-99075-7-9